LE CONTRAT
HUMANITAIRE

EXPOSÉ PHILOSOPHIQUE

DE

LA QUESTION SOCIALE

ainsi que de la

THÉORIE DE SA SOLUTION PRATIQUE

PAR

STANISLAS FIERFORT

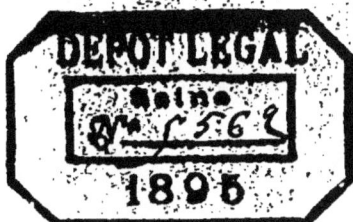

PARIS

V. GIARD ET E. BRIÈRE

LIBRAIRES-ÉDITEURS

16, RUE SOUFFLOT, 16

1896

LE CONTRAT HUMANITAIRE

PRÉFACE

La préface d'un livre étant la page intime où l'auteur cherche à intéresser le lecteur à l'œuvre qu'il lui présente, je tiens à ne pas me soustraire à cet usage, et je le fais avec d'autant plus d'empressement que l'exposé qui va suivre a pour objet la manière dont doit être envisagée et résolue pacifiquement la Question Sociale.

Traitée déjà, dans beaucoup de ses parties, par des hommes d'un très grand talent, il est assurément téméraire d'aborder après eux un semblable sujet.

Mais, ayant l'intention d'étudier cette question dans ses causes et dans toutes ses formes, ainsi que d'en faire valoir une proposition de complète solution pratique et utilitaire « façon de la présenter qui n'a pas encore été essayée », j'ai résolu de combler cette lacune, et si, pour cette entreprise, mes facultés d'écrivain trahissaient parfois ma bonne volonté, je compte beaucoup sur l'indulgence du lecteur, qui me tiendra compte, je l'espère, qu'un grand amour pour mes semblables a été le seul motif qui m'a inspiré.

Frappé, en effet, de ce qu'un grand nombre d'êtres arrivent à la fin de leur existence sans pouvoir se dire : *qu'ils ont vécu quelques jours heureux à l'abri de tout souci,* il m'a semblé que, par une organisation meilleure de la société, il serait possible de les soulager dans les mauvaises phases de leur vie, et qu'à l'âge où les forces déclinent et où se fait tant sentir pour tous le besoin de quiétude et de repos, il serait possible de procurer à chacun quelques années de bien-être, afin que quiconque puisse dire : *Enfin, moi aussi, j'ai vécu !*

Apporter ma pierre à l'édification d'un tel idéal, étant la cause déterminante de ma hardiesse, je livre les pages qui vont suivre à la bienveillante étude du lecteur, auquel n'échapperont certainement pas les conséquences morales et physiques d'une Organisation Fraternelle visant la suppression de la misère dans notre pays.

S. FIERFORT.

PREMIÈRE PARTIE

LE CONTRAT HUMANITAIRE

CHAPITRE PREMIER

Une organisation devant avoir pour résultat l'extinction de la misère imméritée, sans jeter une perturbation complète dans le fonctionnement ordinaire et régulier d'une société organisée, comme l'est celle de notre pays, ne peut être assurément chose commune et facile.

Aussi, n'est-ce pas sans une certaine appréhension que je vais essayer, dans les pages qui vont suivre, de développer les moyens par lesquels je crois possible la réussite d'une conception semblable, tout en faisant, en même temps, ressortir la juste raison et la nécessité d'une solution Fraternelle, à laquelle beaucoup ont certainement déjà dû songer.

Chaque fois que des journaux ont publié la nouvelle d'une catastrophe privant une famille de son chef naturel et la plongeant dans la misère, ou, qu'ils nous ont appris la mort d'un être par la faim, parfois même son suicide provoqué par le dénuement ; chaque fois, enfin, qu'il nous a été donné d'assister au pénible spectacle de la misère à laquelle se trouvent réduits un grand nombre d'individus, victimes de la maladie ou d'un chômage involontaire ; chacun de nous a pensé que ces misères devraient être, sinon supprimées, mais complètement secourues.

Et si, dans un élan de cœur, chacun s'est senti prêt à faire acte de dévouement ou de générosité ; si beaucoup même ont donné, si des sommes considérables ont été parfois recueillies, si enfin, par des moyens dont il sera parlé plus loin, des secours importants ont été distribués et le sont chaque jour, faute d'une organisation suffisante pour combattre tous les maux qui atteignent si cruellement un grand nombre d'êtres, nous avons lieu de rester surpris de l'impuissance d'efforts dont les meilleurs résultats n'ont presque jamais dépassé le soulagement d'un premier besoin, laissant la préoccupation du lendemain, et celle encore plus cruelle, pour celui qui souffre, d'une incertitude complète pour son avenir.

Frappés par ces faits, nous reportons naturellement notre pensée vers l'Etat, trouvant qu'il devrait prendre l'initiative d'une *Organisation Nationale*, qui, au moyen de ressources considérables d'une fixité assurée, devrait pouvoir parer à ces cruelles éventualités, et si, en pareille matière, nous fondons quelque espoir en une ingérence de ce genre, c'est que, faussé par un illogisme qu'il faut combattre, notre esprit croit que l'administration d'un État peut et doit seule posséder les moyens de rendre prospère et efficace une pareille organisation.

Ce raisonnement constitue une erreur profonde, en ce que les attributions d'un État doivent se résumer en ceci : « Veiller aux besoins de la défense du [pays et du maintien de son influence morale auprès des nations étrangères, garantir partout la vie de ses nationaux, leur procurer et leur faciliter, au grand avantage général, les moyens d'expansion commerciale et manufacturière dans toutes les parties du monde, faire respecter par tous et sans faiblesse les

lois dont il a la garde, enfin assurer les
services publics au mieux des intérêts des
administrés. En un mot : un État doit régler
avec droiture et économie le bon fonctionnement de tout ce qui est d'ordre purement
national ». Lui demander plus, c'est l'expo-
ser à sortir des limites d'une impartialité
dont tous ses actes ne doivent être que le
reflet.

« Quant à secourir les victimes de l'ordre
« naturel ou social, ainsi que de poursuivre
« l'extinction de la misère, ces choses doi-
« vent rester un attribut exclusivement so-
« cial et ne peuvent être traitées ou résolues
« avantageusement qu'au moyen d'un ser-
« vice créé et dirigé complètement par la
« Société elle-même, et dont il devra dé-
« pendre, *service placé seulement sous le*
« *contrôle de l'Etat, qui, avec son appui*
« *moral, prêtera en toute circonstance le*
« *concours matériel de ses agents.* »

Cette erreur d'attribution s'explique facilement par le fait, qu'en France, notre
action personnelle est subordonnée, la plupart du temps, à une administration que
nous voyons et trouvons dans presque tous
les actes de notre vie journalière.

Nous nous vengeons, il est vrai, de cette

dépendance, au moyen d'une critique que
nous rend facile l'impuissance inévitable à
laquelle se trouve souvent réduite cette
administration, en raison d'une immixtion
étendue à un nombre considérable de cas
qu'elle devrait ignorer,et qui la font devenir
un rouage formaliste, souvent incompétent,
toujours d'une lenteur désespérante, ainsi
que d'une dépense tellement hors de toutes
proportions, que son existence est nuisible
à la somme d'avantages qu'on devrait être
en droit d'en attendre.

Aussi, quoique, pour assurer la marche
régulière d'une organisation intéressant tout
une nationalité dont beaucoup de membres
vivent souvent éloignés de la mère-patrie,
il soit nécessaire de songer qu'on ne pourra
se passer d'une aide sérieuse de la part de
l'Etat, il faut rester bien pénétré que son
ingérence ne doit jamais dépasser les limites
de la protection que j'ai indiquée sommai-
rement plus haut.

Pour mieux faire comprendre le degré d'ingérence que je crois ne pas devoir être dépassé par
l'administration d'un Etat, des explications com-
plémentaires seront fournies dans la partie traitant
du fonctionnement propre à l'organisation sociale
qui fait l'objet de cet exposé. — « Voir à la deuxième
partie, chapitre I, au titre : Statuts. »

Eloignons donc de nous toute pensée de critique envers l'Etat de ce qu'il n'a point jusqu'alors pris pour sienne l'initiative de la formation *d'une organisation générale*, ayant pour but de soulager les blessures reçues dans la lutte quotidienne de la vie, et d'assurer à tout être la tranquillité pour ses vieux jours. Félicitons-nous, au contraire, qu'il en soit ainsi, car, avec la meilleure volonté possible, une administration de secours relevant directement d'un État ne pourrait jamais diriger une pareille œuvre avec l'économie et la célérité nécessaires pour en obtenir tout l'effet utile.

Qui doit donc prendre l'initiative d'une pareille organisation ?

C'est, ainsi que je l'ai déjà dit, *la nationalité elle-même*, c'est-à-dire, la société tout entière qui doit avoir cette prévoyance, et qui, sans se laisser arrêter par aucun obstacle, doit en poursuivre la réalisation.

Et si, jusqu'ici, les sociétés ou nations se sont attardées à remplir ce devoir fraternel qui aurait dû les préoccuper au plus haut degré, c'est que l'influence délétère du sentiment d'égoïsme inhérent à la nature humaine, les a envahies au moral, jusqu'à leur faire méconnaître la base fondamentale de leur existence, en tant que société, c'est-à-dire : L'AIDE MUTUELLE, qui se traduit par le mot FRATERNITÉ, ou par celui plus nouveau de QUESTION SOCIALE.

De la question sociale et de son importance.

Quant à ceux qui prétendent qu'il n'y a pas de question sociale, ou qui en nient le besoin d'une prompte solution, il est facile de leur démontrer que cette question, au contraire, domine tout, et que, dans les nombreux cas où notre pays a suivi avec passion un courant politique ou une personnalité du même ordre, il est aisé d'y reconnaître un entraînement populaire dû à l'espérance d'obtenir, par ce moyen, l'état de bien-être auquel chacun aspire selon les lois de son droit naturel, et que c'est toujours parce que une partie de la nation a nié ou a oublié ce qui aurait dû être sa préoccupation constante, qu'elle a produit ces

nombreux éléments de discorde, dont les
entraînements passionnés ont donné lieu
à des luttes desquels notre pays a eu beaucoup à souffrir, et qu'il en sera encore de
même si l'on continue à reculer l'échéance
d'un acte d'aussi pure justice.

Étudier la solution de la question sociale,
telle qu'elle se présente aujourd'hui, c'est-
à-dire, dans toutes ses formes, et essayer de
démontrer qu'il est urgent que, pour un
grand nombre encore, les trois mots : Li-
BERTÉ, ÉGALITÉ, FRATERNITÉ, cessent, au
plus tôt, d'être des appellations légendaires,
m'entraînerait au delà du cadre de ce que
j'ai l'intention de traiter ici, et quoique ces
trois significations, qui s'imposent à l'étude
de tout esprit chercheur, demandent au
même degré une prompte solution, je vais
néanmoins ne m'attacher, dans cet exposé,
qu'au développement de ce que veut dire le
mot : FRATERNITÉ, dont je considère l'application sincère, comme devant primer les
autres, dans le domaine desquels il a déjà
été fait des améliorations nous permettant
mieux l'attente.

Toutefois, au moment d'entrer plus avant
dans mon travail, je tiens à exprimer l'espoir que ceux qui voudront bien accorder à

cet exposé l'attention que je sollicite ne me
feront pas l'injure de me considérer comme
le possesseur d'un esprit vagabondant à la
recherche du Phalanstère absolu.

Très convaincu, au contraire, que la per-
ception complète des choses n'est pas du
domaine de l'homme, j'appelle de toutes
mes forces, sur cet exposé, une discussion
approfondie, qui, pouvant servir à l'étude
de ce que je soumets, en redresserait l'idéa-
lisme, donnerait au sens pratique l'exacte
mesure et en faciliterait la réalisation.

Et à ceux dont l'esprit se trouverait surpris par la hardiesse d'une conception qui
pourrait, au premier abord, leur sembler
d'une pratique difficile, je rappellerai que,
dans toute idée qui, à première vue, peut
paraître du domaine des rêves, il y a toujours matière à un essai loyal, duquel il
résulte, chaque fois, un progrès pour l'humanité.

Le mot : *utopie* doit donc, *à priori*, être
repoussé et, m'emparant du mot : Fraternité, je vais rechercher si, par rapport à la
mutualité dont il est le synonyme, les sociétés n'ont pas jusqu'à ce jour commis de
nombreuses fautes.

De la contradiction entre les faits et ce qu'a voulu la création.

Dans cette recherche, que je vais rendre aussi succinte que possible, les grands enseignements qui nous sont donnés chaque jour, comme des manifestations directes d'une volonté créatrice, devront tenir le premier rang, en ce qu'ils aideront notre esprit à se rendre plus justement compte de l'antagonisme inévitable que doit engendrer entre les classes d'une société éclairée la manière dont les diverses nationalités peuplant le globe ont laissé organiser leur vie économique et sociale, antagonisme devant se développer d'autant plus, que les classes privilégiées paraîtraient apporter d'inertie ou de mauvais vouloir pour modifier la résultante d'une quantité considérable d'injustices.

Lorsque la création mit sur terre des êtres auxquels on a donné le nom d'hommes, elle a déposé en germe la naissance d'individus forts et d'individus faibles, possédant des aptitudes différentes et une intelligence à divers degrés, ce qui constitue, pour le mouvement de la vie commune, une infinité de nuances formant autant de spécialités productives, le tout ne devant pas se reproduire par une hérédité prédestinée, ni suivie, mais bien par le caprice du hasard, sans indication de races, ni classes différentes.

Que l'on admette ou que l'on doute de l'immixtion d'une volonté supérieure dans l'œuvre de la création, il n'en est pas moins de toute évidence que ces différences dans l'intelligence, comme dans les aptitudes pratiques des êtres, ont pour effet d'obliger les hommes à une solidarité qu'ils ne peuvent éviter.

C'est donc de par le fait d'un concours de circonstances, auxquelles ils n'ont jamais eu la faculté de se soustraire, que les hommes, dès le début de leur existence, ont dû se rechercher et mettre en commun les aptitudes particulières dévolues à chacun d'eux, pour pourvoir à la satisfaction des besoins de la généralité.

Peut-il en être autrement encore aujourd'hui ?

Non.

Au milieu des transformations diverses

des peuples, et malgré leurs nombreuses luttes fratricides, les hommes ont-il pu éluder un instant cette obligation d'avoir recours à la mutualité ?...

Le peuvent-ils davantage aujourd'hui : non, toujours non.

Au contraire, après chaque division, nous voyons partout la nécessité de l'union se faire sentir d'une façon d'autant plus vive que l'on s'était écarté de la mutualité.

Ne sont-ce pas constamment des preuves que cette forme sociale, que la fraternité, en un mot, est bien un état voulu et de source absolument imposée par la nature ? Et s'il y a lieu d'être surpris que des indices aussi complets n'aient pu frapper assez profondément l'esprit des hommes, pour les porter à leur faire maintenir le développement de la mutualité réelle dans les diverses formations sociales auxquelles l'accroissement de la natalité humaine a donné lieu.

Cette surprise disparaît en partie à l'étude des causes nombreuses qui ont amené cette sorte de faiblesse morale, et dont quelques-unes peuvent être indiquées ici avec utilité.

Lorsque, ainsi qu'il vient d'être dit, la

natalité, rendant les hommes trop nombreux
sur un point quelconque du globe, leur fit
éprouver le besoin de se fractionner par
groupes, et de s'éloigner, en cet état, les
uns des autres, afin de trouver, dans des
contrées encore inhabitées, leurs moyens
d'existence ; lorsque ce même motif les
obligea, par sa continuité, à multiplier ce
fractionnement, l'espace terrestre dévolu à
chaque groupe devint, en conséquence,
moins étendu; les ressources naturelles
qui, jusque-là, avaient pu suffire à la nourriture, se firent plus rares ; la chasse et la
pêche ne produisirent plus le nécessaire,
les divers groupes durent alors chercher
les moyens de parfaire à cette insuffisance,
en se livrant dans l'endroit où le hasard les
avait conduits, à la culture de la terre, ainsi
qu'au développement des races d'animaux
qu'ils purent rendre domestiques.

Cet état de choses, qui, parmi les effets
sociaux dont il allait devenir le point de
départ, et dont pour chacun des individus
composant un groupe, l'incitation à se can-
tonner dans la spécialité que ses aptitudes
ou ses goûts lui feraient préférer, devait
être un des moindres, ne pouvait échapper
à la fâcheuse situation qui résulterait, pour

l'ensemble, de l'individualisme inévitable
qui se développerait sous forme de possession particulière, que par une sage répartition des charges et des devoirs d'une
mutualité bien comprise.

Mais la vie demi-sauvage des peuples de
cette époque, unie à l'imprescience d'un état
social qui ne pouvait résulter que de la
marche des temps et de progrès qui échap-
paient à toute conception humaine, ne put
faire prendre par les sociétés primitives
aucune garantie contre l'égoïsme de l'homme
qui, livré à ses instincts, ne manquerait
pas de trouver la faculté d'essayer l'anéan-
tissement de tout ce qui de près ou de loin
pourrait tenir d'un sentiment fraternel quelconque.

En effet, si nous remontons dans les âges
et si nous en étudions l'historique, nous
acquérons la preuve que la lutte pour satisfaire la faim étant à peu près l'unique préoccupation des premiers hommes, sans que
la moindre conception du besoin d'échanges
réciproques avec d'autres peuples puisse
intervenir comme palliatif adoucissant des
mœurs, il n'en pouvait résulter, pour chaque
groupe, autre chose que de voir en son
voisin un obstacle à l'obtention d'une abon-

dance facile, et le désir d'employer la ruse ou la force pour s'emparer de ce que possédait le groupe voisin devait, à son tour, découler de cet état d'esprit. Aussi les premiers contacts amenèrent-ils des divisions suivies de luttes dans lesquelles les besoins de l'existence, sur place, furent dès le début les principaux motifs.

Chaque groupe dut alors songer à la cohésion qui lui devenait nécessaire pour augmenter ses chances de succès, et mieux assurer ses moyens de défense; il choisit, dans ce but, celui des siens qu'il appréciait comme le plus fort ou le plus adroit, et aussi comme possédant une intelligence particulière du commandement.

Cette nomination, point de départ réel de la nationalité, ouvrit toutes grandes les portes par lesquelles les privilèges, la possession personnelle, la division des peuples en castes même, ne devinrent plus que des choses inévitables, que compliquerait encore la propension, si humaine chez l'homme, d'exploiter son semblable, lorsque aucun frein ne le retient.

C'est ce qui eut lieu.

Tous les jours, nous pouvons encore constater

que cette propension à l'exploitation de son semblable n'a rien perdu de sa force chez l'homme, non
seulement par ce qui se passe dans nos sociétés
actuelles, mais aussi lorsqu'il nous est donné de
connaître comment il agit, dans les pays dits :
d'extension coloniale, chaque fois qu'il est le plus
fort, ou que rien ne l'empêche de se laisser aller à
ses mauvais instincts.

Nous voyons, en effet, ces chefs, auxquels
un privilège est accordé dans les prises qui
résultent de la victoire, devenir d'une
convoitise insatiable, et, pour la satisfaire,
inciter leurs compagnons à des luttes dont
le motif évoqué n'est souvent que mensonge,
mais pour lesquelles ils promettent, à leur
tour, aux principaux combattants des avantages personnels en cas de succès.

Ensemble de faits, dont les conséquences.
ont été d'engager un grand nombre d'hommes
à abandonner tout travail social, et à ne plus
se livrer qu'au métier de la guerre, qui,
bientôt, ne devient plus pour eux qu'une
occasion de vols et de rapines, au moyen
desquels ils augmentent une possession
qu'ils s'empressent de déclarer particulière
et héréditaire.

Par le même seul droit de la force, ces
guerriers se constituent : *classe supérieure*,
et forment des castes, des faibles terrorisés,

ou des vaincus réduits au rôle d'esclaves.

Et si parfois, au milieu de nombreux symptômes d'un égarement complet de la raison, l'histoire nous fournit quelques exemples d'un retour à un peu d'humanité ou de respect à la personnalité de l'homme, ces moments d'accalmie n'ont été que des éclaircies passagères dans un ciel qu'un orage obscurcit à nouveau, sans laisser place à aucun espoir.

Aussi, lorsque, avec un peu de recherches et d'étude, on a pu suivre pas à pas tous ces faits, il ne peut paraître étonnant que l'esprit, même le mieux doué, n'en soit arrivé parfois à se demander si ces divers bouleversements de tout sentiment quelconque ne sont pas des preuves ou une consécration de la théorie Darwinienne, qui, dans son transformisme, veut la nature indifférente à la force détruisant la faiblesse.

Sans entreprendre ici la discussion de cette théorie, à laquelle, il faut le reconnaître, beaucoup de faits semblent parfois donner une apparence de raison, je ne puis cependant éviter de faire remarquer que, si la théorie Darwinienne pouvait être admise sans conteste, il n'y aurait rien à faire pour l'humanité : *La lutte devrait se continuer à l'état permanent entre les hommes,* les forts écrasant les faibles, jusqu'à extinction de la race humaine.

La seule question pendante serait : la simple étude des meilleurs moyens pour arriver à la suppression de l'être gênant pour prendre sa place. Quant à une question sociale, il n'y en aurait plus, et le mot *Fraternité* serait une odieuse mystification; et y croire, travailler pour seraient donc faire métier de dupes!.....

Mais alors, à quoi doit donc servir à l'homme de posséder un cerveau qui, proportions gardées, est plus fort que chez tout autre être de la création, lui permettant de concevoir ou de combiner des choses de longue haleine, de les raisonner et d'en poursuivre avec méthode l'exécution? Pourquoi, aussi, le don de la parole a-t-il pu lui être donné? Pourquoi, surtout, cette complexion particulière qu'il possède seul, et qui, lui permettant de se servir d'un ou de plusieurs membres, avec une dextérité dirigée dans ses effets par le cerveau, lui donne une supériorité, le rendant maître de ce qu'il peut saisir de la nature, et lui permet d'en faire servir toutes les productions à la satisfaction de son plaisir ou de son utilité?

Pourquoi donc tous ces avantages, s'ils ne doivent servir qu'à aider l'homme à détruire ce qui existe, et si, derrière toutes ces facultés réunies chez un seul être, il n'y a pas un but, ou une volonté arrêtée, d'en faire autre chose qu'un vulgaire animal ?

Il doit être, ce me semble, hors de doute que si l'homme a été pourvu d'autant de choses qui lui sont personnelles, c'est que la nature a voulu le destiner à un rôle supérieur à celui que jouent, dans l'ensemble, les autres êtres qui composent le règne auquel les savants l'ont assimilé.

Une mission dont il n'a pas conscience est certainement imposée à l'homme, et c'est pour qu'il puisse la remplir que la nature l'a doué d'une façon appropriée à ce qu'elle exigeait de lui, et y a ajouté des besoins qui lui imposent, sans qu'il puisse s'en passer, une mutualité, dont le travail d'ensemble sert, à son tour, le but caché.

Aussi, quitte à passer pour un enthousiaste ou un professeur d'hérésie, je suis de ceux qui croient à un quatrième règne dans l'ordre de la nature. C'est au règne HOMINAL.

Et c'est parce que j'y crois que je puis

déplorer ici que l'homme se soit laissé aller à méconnaître, aussi longtemps, combien il avait sacrifié de sa dignité en foulant aux pieds le respect que chacun doit à son semblable.

Aujourd'hui, il ne peut continuer à en être de même. Notre degré de civilisation, une connaissance plus exacte de nos devoirs sociaux, doivent nous faire reconnaître qu'il y a un oubli Fraternel qui, ayant trop duré, doit cesser, au plus tôt, au moyen d'un acte de justice qui réparera nos torts.

Et comme, par suite des faits que je viens de dénoncer, il en est résulté pour nos vieilles sociétés, et, en particulier pour notre nation, une situation à laquelle nous donnons aujourd'hui, dans son ensemble, le nom de : QUESTION SOCIALE, que l'existence de cette situation est notre faute, nous ne devons nous reposer qu'après avoir réparé ce que, comme hommes, nous avons laissé devenir une honte pour l'humanité.

CHAPITRE II

Un peu d'histoire.

Quoique ayant, ainsi que je l'espère, suffisamment démontré, dans le premier chapitre, la façon dont a commencé et s'est continué à travers les temps, l'oubli de la Mutualité Fraternelle, ce chapitre serait cependant insuffisant si je ne passais rapidement en revue comment cette faute s'est continuée jusqu'à nos jours, et si je ne faisais ressortir en même temps quelques-uns des effets de la vitalité de la question sociale, c'est-à-dire du socialisme, effets qui, dans la forme sous laquelle ils se sont souvent présentés, ont pu échapper à l'attention d'un grand nombre.

Comme nous le fait connaitre notre his-

toire nationale, nous voyons jusqu'à la fin
du moyen âge un voile sombre jeté sur toute
pensée sociale.

L'injustice et la cruauté sont à leur
apogée; la force prime tout, au mépris de
tout sentiment quelconque, et l'équité foulée
aux pieds peut sembler être à tout jamais
bannie de l'humanité.

Mais, comme tout ce qui est d'ordre
naturel ne peut s'anéantir, nous voyons
peu à peu et par un effort soutenu de la
nature, dont on méconnaissait l'immuable
volonté, une série d'évolutions, de révoltes
aussi, suivie d'une révolution heureusement
victorieuse, faire en France table rase de
beaucoup d'abus.

« Les hommes sont déclarés égaux, et,
« comme conséquences, les classes et les
« castes n'existent plus ; tous les privilèges
« sont abolis. »

Ce commencement de sagesse, qui n'é-
tait que la reconquête de droits légitimes,
n'eut pas les résultats que beaucoup avaient
pu espérer, en raison des excès qui suivirent
et qui, corrompant encore une fois la vision
réelle des choses, arrêta l'élan socialiste un
instant entrevu.

Néanmoins, la question sociale continue

sa marche lente, mais constante, vers le but à atteindre, et les entraves que les gouvernements monarchiques, qui succèdent à la première république, mettent au travers de ses aspirations, ne font qu'exciter son développement.

Elle affirme de nouveau hautement ses droits, en participant pour une large part dans les mouvements de 1830, de 1848, et c'est en son nom qu'un homme, qui s'empressa d'oublier ses promesses, put réussir, en 1851, à prendre en mains les destinées de notre pays.

Aujourd'hui, non moins vivace que jamais, elle menace la société française dans son existence même, avec une violence d'autant plus à craindre qu'elle se dresse devant elle sous les titres les plus divers, affectant des formes nombreuses dont aucune, il est vrai, ne donne jusqu'ici l'exemple de l'union qui assure le succès, mais au milieu desquelles, cependant, émergent d'une façon très grave les mots : *Révolution* ou *Anarchie*, qui, eux, pourraient devenir rapidement, peut-être, les mots de ralliement à la masse de mécontents et des besogneux, et ils sont nombreux.

Malgré ces avertissements qui ne sont

que des grondements souterrains annon-
çant une éruption volcanique nationale, la
société française semble indifférente à la
direction de l'écoulement de la lave qui en
résultera et pourra l'engloutir.

Et ne voyons-nous pas encore aujour-
d'hui, quoique les propriétés foncières et
mobilières soient plus divisées et rendues
accessibles à tous, les lois qui nous sont
restées du grand mouvement réactionnaire
qui suivit 1799, peu modifiées par celles
sous la protection desquelles nous vivons
encore, faire toujours de la possession l'a-
panage des êtres forts et des intelligences
spéciales, sans souci aucun des autres
composant l'ensemble de la nation.

Des lois et de leur degré de protection.

La masse donc de ceux que j'appellerai *les
faibles*, c'est-à-dire les moins bien doués ou
ceux que les coups du sort frappent cruellement, pour ceux-là le nom seul de leur
dépendance a changé et le résultat reste
pour eux à peu près le même.

Car si, dans le temps passé, l'esclave et

l'homme attaché à la glèbe étaient à la merci d'un maître qui pouvait à son gré les faire souffrir et même leur ôter la vie, aujourd'hui, si, par ses lois, la société nouvelle enlève ce dernier droit, elle permet cependant encore à un être égoïste qui possède d'exploiter celui qui a l'énergie de ne vouloir demander qu'au travail son existence journalière, et de le laisser sans ressources à la moindre plainte arrachée à sa patience par l'injustice ou la douleur.

La loi protège-t-elle donc tous les hommes également ?

Assurément non, et le voudrait-elle, qu'elle serait impuissante à le faire, en tant que loi, attendu qu'une loi ne peut que *réprimer*, mais non *empêcher*.

Aussi, pour tous ceux qui ignorent ou ne comprennent pas le degré de protection qu'une loi peut offrir à chacun, *et le nombre en est grand*, la loi ne semble avoir pour but que de punir les voies de fait qui pourront se produire entre les hommes, par les haines inévitables qui seront provoquées, par l'oubli de la plus simple équité, ainsi que de permettre qu'il soit toujours possible de laisser cruellement les malheureux sans ressources et mourir de faim où le

hasard les mène, s'ils ne préfèrent le suicide pour eux et pour les leurs.

De tout cela, une confusion dans la compréhension des choses et une grande exas-
pération contre tout ce qui est établi.

Du droit et du respect de la propriété.

En érigeant en principe le droit et le respect à la propriété, la société n'a donc pas
été inspirée par un esprit possédant les
notions justes de l'équité ; au contraire,
aveuglée par une inconséquence complète,
elle n'a pas songé que la propriété établie
sur les bases qu'elle édictait avait besoin
pour se produire d'abord, et se conserver
ensuite, du concours de tous les êtres existants, sans aucune exception ; que chacun,
quelle que soit sa situation sociale, appor-
tait sa quote-part dans la formation de la
possession, que de plus le concours de tous
était nécessaire, au même degré, pour faire
respecter cette propriété qu'elle avait la pré-
tention de régler.

Qu'en conséquence, il ne pouvait être
juste de priver d'une indemnité ceux des-

quels elle attendait un service, indemnité qui, en fait, devenait pour ceux-là une rémunération légitime.

De l'ensemble de ce qui précède, non atténué dans ses effets, par l'influence moralisatrice d'une sage prévoyance sociale, qui encouragerait et soutiendrait dans les vicissitudes de la vie ceux qui peinent, il résulte que chaque fait malheureux qui survient devient une nouvelle cause de provocation à la haine contre la possession et contre tout ce qui est organisé, et ceux qui en ressentent les atteintes sont inévitablement portés à devenir violents, à se laisser aller à des mouvements de colère, qui, la plupart du temps, ne sont que des explosions de tempéraments exaspérés par les privations quotidiennes, ainsi que par la crainte du dénuement qui les attend quand, par la cause d'un accident ou de l'âge, ils seront mis dans l'impossibilité de suffire à leur existence.

CHAPITRE III

Quoique sommaires, j'espère que les quelques explications données dans les deux premiers chapitres suffiront au lecteur pour qu'il puisse se rendre compte que, telle qu'elle se présente aujourd'hui, la question sociale est née d'un concours de cironstances nombreuses, tenant surtout du sentiment de cupidité instinctive que l'homme apporte en naissant, et qui, par l'effet d'une insconscience inexplicable, a eu pour conséquence une situation d'autant plus grave, que la partie privilégiée des hommes la regarde comme normale, et est prête à en défendre l'existence, comme celle d'un droit absolu.

C'est dans cette situation morale, en

3.

quelque sorte consacrée par le temps, que
se rencontreront les plus grands obstacles à
la prompte solution de la question sociale;
mais tous les obstacles de ce genre étant de
ceux qui peuvent céder à la raison, il faut,
au plus tôt, en entreprendre avec persévérance le renversement par la voie légale,
afin de pouvoir donner satisfaction à des
besoins dont la nécessité méconnue tend à
égarer l'esprit d'une partie de la nation.

L'effort devra être grand et une bienveillance sans bornes devra constamment pré-
sider à une lutte dans laquelle les combattants se heurteront sans cesse à des effets
d'une effrayante complexité, dont la ténuité
se déroulera au fur et à mesure qu'on en-
trera dans l'étude consciencieuse des rapports
inévitables des hommes entre eux, toutes
choses qu'il n'est loisible à personne de
changer ou modifier, sans risquer de provoquer des situations délicates et parfois
inextricables.

Aussi, en appréciant ici la situation
morale et matérielle existante, ferai-je tous
mes efforts pour étudier sans passion les
causes de l'impuissance des moyens mis en
œuvre jusqu'ici, afin de secourir ceux qui
souffrent, et ce sera en éloignant de ma

plume toute expression violente ou désa-
gréable, pour qui que ce soit, que j'essaierai
d'expliquer les théories dites : Socialistes,
qui ont été proposées comme renfermant en
elles-mêmes les éléments d'une solution
qui est le but de mes désirs.

De ce qui a été fait jusqu'à ce jour pour le soulagement de la misère.

Parmi les efforts faits jusqu'à ce jour
pour le soulagement des maux qui accablent
la partie déshéritée de la nation, et lui
amoindrir les coups du sort, il a été fondé
des hospices et des asiles, afin d'y pouvoir
recueillir des vieillards, des infirmes, des
orphelins et des enfants abandonnés.

Des hôpitaux aussi ont été construits et
aménagés spécialement pour le traitement
des malades et des blessés.

Puis, dans le but d'une juste répartition
et dans le désir d'assurer à toutes ces maisons de secours les ressources leur permettant de faire face aux efforts que des circonstances imprévues peuvent exiger d'elles,
ainsi que pour faciliter, en dehors de ces

institutions, l'usage des secours à domicile, le gouvernement a confié à une sorte d'administration départementale, à laquelle il a reconnu *la qualité de personne civile*, le soin de centraliser tous les dons et legs faits en faveur du soulagement de la misère.

Il la dota aussi du bénéfice provenant de sommes devenant *domaine public*, ainsi que du produit dû à un impôt dit *droit des pauvres,* avantages produisant annuellement des revenus considérables.

Malheureusement, de par le fait d'un esprit faux en matière d'administration : « esprit dont nous avons en France tant de fâcheux exemples », ces diverses créations ont donné lieu à de soi-disant besoins administratifs, qui, employant une trop grande partie de locaux et prétextant, comme à plaisir, la nécessité d'écritures compliquées, sont la cause de dépenses qui réduisent au-delà du nécessaire les ressources disponibles, et limitent d'autant l'importance des avantages que les malheureux devraient en obtenir.

Une grand nombre aussi de sociétés laïques ou religieuses se sont organisées dans le but de secourir sous toutes les formes ceux que le malheur accable.

Mais toutes ces créations, dues à de généreuses initiatives, ne possédant pas l'étendue nécessaire, ne peuvent et ne pourront jamais être que des institutions dont la puissance sera limitée comme le sont leurs ressources, et le nombre de secours subira le même sort.

De la répugnance populaire à accepter les secours organisés actuellement.

De plus, ces différents moyens de venir en aide à la souffrance, revêtant une forme d'aumône qui, dans l'espèce, représente en quelque sorte une injure à l'humanité, beaucoup de ceux qui sont frappés éprouvent, par une dignité naturelle peut-être exagérée, mais en tous cas légitime, une répulsion considérable à recourir à quoi que ce soit qui puisse ressembler à une charité.

Et ils ont le droit à toute notre bienveillance lorsqu'ils disent : Nous ne voulons pas d'aumône; nous la refusons sous quelque forme qu'on veuille nous la présenter.

Attendu que ce n'est pas ce genre de secours qui doit exister dans une société soucieuse de la justice, au contraire : soigner ses malades, secourir ses blessés, assurer l'existence à ses infirmes et à ses vieillards sont, pour elle, des obligations qu'elle ne peut méconnaître. C'est le devoir de tous ; c'est le droit que nous tenons de la nature, et nous voulons qu'il en soit ainsi.

Afin de répondre de suite à une objection souvent faite au sujet de l'imprévoyance qui, dans beaucoup de cas, est la cause de la misère pour un grand nombre d'individus, j'ajouterai ici :

« Qu'il soit possible que, dans l'arrangement de leur vie, les ouvriers malheureux aient fait preuve de faiblesse morale ou intellectuelle, peu importe !.. les faits brutaux sont là — ils sont inexorables.

« Et quand la misère se présente avec tout son hideux cortège, discuter serait augmenter pour la société la responsabilité de n'avoir pas su prévoir. Il faut agir sans retard et porter secours. »

Puis, est-ce que tous ces différents vaincus de la lutte pour la vie ne doivent pas être regardés comme des blessés d'une guerre d'un genre particulier?.. Guerre ou lutte que la société entière doit subir pour sa marche en avant, sans chercher à en éluder les conséquences ; la nature des blessures ne peut donc — pas plus que la cause — être mise en discussion ; et, sans rien faire qui encourage ni favorise la paresse ou les mauvais instincts, prenant même des garanties pour se prémunir contre eux, une société doit organiser un service complet de secours par l'union de tous, afin de trouver les moyens pécuniaires suffisants pour parer aux divers accidents de la guerre qui lui a été imposée par la nature.

Et lorsque, à propos de ces blessés, les être forts disent : « Mais, comme ceux-là, nous avons été livrés à nous-mêmes dans les hasards de la lutte, et cependant : *Nous sommes!*... » Ils commettent une erreur de raisonnement, attendu que tous les hommes ne possèdent pas au même degré la faculté de produire au delà de ce qui leur est nécessaire, ni n'ont pas le même entendement à savoir régler leur gain.

Des institutions de prévoyance existantes.

Dans un même louable esprit de saine prévoyance contre l'infortune journalière, ainsi que pour assurer à chacune d'elles une ressource quotidienne pour leurs vieux jours, des personnes ont formé des Sociétés mutuelles de secours et d'épargne ; le gouvernement républicain vient aussi d'augmenter les avantages qu'on peut obtenir par ce genre de prévoyance, en rendant plus faciles et plus étendus le fonctionnement des Caisses d'épargne et l'action de la Caisse des retraites pour la vieillesse, etc.

Mais tous ces efforts de solidarité sociale, comme tous ceux faits par groupes ou industries, seront insuffisants, et en raison de leur fonctionnement statutaire, ainsi que par la cause des lois qui ne les rendent accessibles et profitables qu'à l'épargne volontaire, ils ne pourront jamais être autre chose que des œuvres d'une prévoyance dont un nombre restreint d'individus sauront comprendre les avantages, et la volonté individuelle, ainsi que le gain journalier faisant défaut à beaucoup, l'action bienfaisante de ces institutions restera limitée à un certain nombre de personnes ayant la vertu ou la possibilité d'une épargne, même modeste. Celles-ci ne sont que l'exception.

En outre, si nous voulons étudier toutes ces diverses organisations au point de vue mutuel et social, nous reconnaissons que, toutes louables qu'elles sont, elles ont comme influence morale celle de fausser l'esprit de solidarité qui doit unir tous les membres d'une même nation, et portant beaucoup d'hommes à oublier leurs devoirs fraternels en leur faisant trouver équitable l'organisation actuelle des choses, elles augmentent les effets d'une sorte de particularisme social qui fait échec à l'esprit mutuel devant être de règle dans toute agglomération d'individus.

Pour remédier à l'insuffisance des moyens employés jusqu'ici et étendre les bienfaits d'une mutualité selon les besoins de tous, des théories, dont l'essence me paraît plus spécieuse que d'une réelle pratique, ont été mises en avant.

Elles sont :

1° L'union universelle des peuples ;

2° Le partage de la propriété ;

3° La réversibilité de la possession à la masse, c'est-à-dire, à l'État, au fur et à mesure de la mort des possesseurs, ce qui, à un moment donné, produirait un État seul possédant ;

4° La suppression du capital, la mine aux mineurs, l'outil à l'ouvrier, la terre aux cultivateurs, etc., etc.

De toutes ces théories, qui découlent, en somme, d'une certaine logique, dont on pourrait retrouver la source dans l'état primitif de la vie des peuples, la première aurait, quoi qu'on en puisse espérer, un effet plus politique que social, et si, en raison du mirage humanitaire qu'elle produit, elle est susceptible de s'emparer de beaucoup de bons esprits, de combien de déceptions son essai d'application ne serait-il pas la cause ?

Attendu que, pour avoir quelques chances de voir se réaliser une pareille conception, il faudrait pouvoir ne s'adresser qu'à des hommes possédant tous une intelligence économique égale, ayant des aspirations ou des habitudes politiques semblables, doués surtout d'une bienveillance à toute épreuve, ainsi que d'un amour de leur prochain non susceptible de se laisser amoindrir par une influence, due à un intérêt différent ou née d'un désir de s'approprier une portion quelconque d'un territoire à autrui.

Dans un semblable état d'esprit général, l'union universelle des peuples pourrait être l'objet d'un essai sérieux ; encore faudrait-il, pour qu'elle offrit quelque espoir de durée, que tous les peuples ajoutassent aux qualités précédentes celles d'être travailleurs vertueux, sobres aux mêmes degrés, et s'appliquant à n'avoir toujours que les mêmes besoins.

Toutes choses, enfin, que la nature n'a pas distribuées uniformément à ses créatures.

« Pour rendre cette appréciation plus convaincante, — si le lecteur veut bien me suivre et admettre un instant, avec moi :

l'impossible, — c'est-à-dire, qu'au moyen d'une propagande conduite avec une intelligence dépassant tout ce que je pourrais imaginer, il soit possible d'avoir raison des difficultés que je viens de signaler, et que, produisant ce rapprochement que je crois inespérable entre les divers peuples, cette propagande donne enfin lieu à une union générale. »

Cette union, malgré la sincérité avec laquelle elle aurait été consentie, n'en resterait pas moins une chose bien précaire, attendu que les hommes, forcés de vivre dans des climats opposés éprouveraient, de ce fait, des besoins différents, et ces besoins, par leur opposition, entraineraient rapidement, comme cela eut lieu jadis, la désunion entre les hommes, et les porteraient inévitablement à se reformer en autant de groupes que d'intérêts divers.

A l'appui de ce dire, est-ce que toutes les déclarations les plus fraternelles entre peuples ont pu éviter les faits qui se sont passés dans le Nord et dans le Midi de la France (année 1892), où des ouvriers français se sont agités, presque révoltés, pour obtenir le renvoi d'ouvriers étrangers — cependant d'une nation amie ?... Les mêmes faits ne se sont-ils pas passés en Belgique pour obtenir l'expulsion d'ouvriers français ?... En outre, est-ce

que les événements d'Aigues-Mortes (18 août 1893)
ne sont pas venus confirmer une fois de plus que
là où l'intérêt d'un peuple se fait sentir, l'union
souhaitée ou promise avec un autre peuple disparaît?

Il y a toujours eu, et il y aura toujours un sentiment qui, quoi qu'on fasse, exclura tout autre
sentiment et détruira la raison. C'est : la faim ou
la crainte de la subir.

De l'Internationalisme.

Cette théorie, qui n'est, en somme, qu'une
nuance dans celle que je viens de développer, a, dans son idéal élevé, donné naissance
à un groupe *Politico-Economiste*, qu'on a
appelé : l'*Internationalisme*!...

Ce mot qui, en lui-même, renferme une
grande idée de paix et d'union, a été diffé-
remment compris en France, où, d'abord
accueilli avec surprise, il ne tarda pas à
inspirer à une assez grande quantité
d'hommes une défiance qui a été cruellement justifiée pendant l'année terrible par
les actes d'une brutalité digne d'un autre
âge, et par lesquels une nation qui « paraissant en cela d'accord avec son gouvernement, avait déclaré n'en pas vouloir au

peuple français », lui donnait cependant la mesure du cas qu'elle faisait de ses déclarations, en mutilant, au mépris de tout droit des gens, ce même peuple qu'elle disait aimer, et en affichant clairement depuis, par ses écrits, ses paroles ou ses actes, sa pensée de le détruire (1).

Depuis, aux congrès internationaux de Marseille 1892, de Zurich 1893, est-ce que Liebknecht et Singer ont fait autre chose, par leurs discours, que de confirmer les préventions contre une théorie dont ils se prétendent les apôtres, et dont, comme par une amère dérision, ils préconisent les effets, *surtout à notre usage*, tout en afirmant leur nationalisme irréductible, au sujet de la spoliation dont leur gouvernement s'est rendu coupable, se donnant ainsi l'air, en fait d'internationalisme, d'avoir pour mission de nous faire croire à des sympathies ayant pour effet de produire chez nous une quiétude qui amollirait notre énergie défensive en face de nations dont le secret dessein est de nous anéantir.

(1) Voir au besoin : les lettres d'un officier allemand, G.-Henri Rindfleisch (capitaine dans la landwehr), conseiller de 1re classe à la cour de Celle-Hanovre, et sous-secrétaire d'État au ministère de la justice, à Berlin. Voir aussi journal *le Temps* du 27 décembre 1893.

Ceci dit, l'impartialité me fait cependant un devoir de constater que si l'internationalisme a été discrédité en France par des faits qui ont pu n'être que des accidents indépendants ; que si ce discrédit a été augmenté depuis par des hommes qui ont fait de cette théorie un usage n'ayant rien de commun avec elle, il n'en a pas moins existé en France des hommes (1) et qu'il en existe encore, dont la foi en elle n'a été ou n'est que le reflet d'un cœur devant lequel on peut s'incliner avec respect, parce que, dans leur erreur même, ces hommes sont de ceux qui honorent un parti et glorifient leur pays.

Et si des convaincus aussi sincères n'ont pu me faire croire à l'efficacité de l'internationalisme, c'est que l'étude m'a prouvé que seule l'*union fraternelle dans une nation*, sans chercher à aller au-delà, est le problème unique qu'on peut essayer de résoudre, et que toute union dépassant ces bornes, qu'elle soit faite entre deux ou un plus grand nombre de nations, ne pourra jamais être autre chose qu'une union momentanée ou une sorte de ligue ayant pour

(1) Benoît Malon, pour n'en citer qu'un.

but d'augmenter, pour les contractants, les chances d'une obtention réciproque davantages quelconques.

Du partage de la possession.

Dans le second cas dit : le partage de la propriété.

En admettant qu'il puisse être fait un partage exact de la possession générale, dans une même nation ou simplement dans une région, cette situation nouvelle serait déséquilibrée dès le lendemain par les besoins plus grands qu'ont certains êtres par rapport à d'autres ; puis, en l'état de nos mœurs et en raison des aptitudes différentes de chacun, le même fait se produirait aussi par la rétribution légitime des services qu'une partie d'un peuple serait forcée de demander à l'autre partie ; les uns, par un état de santé les rendant impropres à se suffire ; les autres, par défaut de savoir ou d'intelligence pratique.

Par ces causes, et par d'autres encore, qu'il me semble inutile d'énumérer ici, la possession égalitaire serait continuellement déplacée au profit d'un certain nombre. Faudrait-il donc, alors et dès le lendemain, procéder à un nouveau partage ?... Cette perspective ne peut s.ipporter l'examen.

De l'État, seul possesseur.

Quant à la réversibilité de la possession à la masse par voie d'extinction, l'Etat étant un être impersonnel, devant procurer à tous ceux qu'il administre les mêmes avantages, ne peut faire autre chose que *dépenser*, *sans savoir produire*, et ceux qui ont pu avoir la pensée d'un avantage social quelconque par ce moyen n'ont assurément pas réfléchi aux conséquences générales qui dériveraient d'un Etat devenant : banquier, manufacturier, minier, commerçant, agriculteur, etc., et obligé, de par cette situation, d'obtenir des bénéfices sur ceux auxquels il doit le partage uniforme de ses bienfaits et de ses services ; bénéfices qui devraient être d'autant plus exagérés, que les frais généraux absorberaient un revenu dépassant de beaucoup celui qui pourrait résulter d'un bénéfice normal, c'est-à-dire, raisonnable.

Les exemples ne manquent pas en France pour démontrer l'impuissance de l'Etat, quand il s'agit pour lui de produire, afin de procurer un soi-disant avantage quelconque aux contribuables, et pour être fixé, il suffirait d'examiner les frais généraux d'un des monopoles confiés à l'Etat et d'en supputer le rendement; par exemple, la rentrée des contributions — le monopole des tabacs — celui des allumettes — l'exploitation des quelques lignes de chemins de fer qu'il dirige — les constructions de navires, d'engins de guerre, d'immeubles, etc.

Est-ce que tout cela est traité au point de vue pécuniaire avec l'économie que des manufacturiers, des industriels ou des commerçants sauraient obtenir, tout en offrant exactement les mêmes garanties, et livrant les mêmes choses avec beaucoup plus de rapidité et à meilleur marché?...

Mais revenons à notre sujet, et posons-nous d'abord cette question : qui travaillerait pour faire produire ?...

La masse, bien entendu, c'est-à-dire, tous !...

Mais, qui commanderait le travail, qui serait chargé d'en répartir l'exécution selon les forces ou les aptitudes de chacun ; qui, enfin, serait chargé d'en partager équitablement les résultats ?

L'Etat, assurément, toujours l'Etat !

Hélas ! dans cette masse de travailleurs, il y en aurait bien vite une partie, notable peut-être, qui trouverait le moyen de s'affranchir de la tâche qui lui serait dévolue, ou d'en rendre les effets insuffisants. Cette partie-là, comment la contraindrait-on au travail, et comment la seconde partie prendrait-elle l'obligation de se surmener pour parfaire l'insuffisance due à la mauvaise volonté ou au manque de moyens pratiques de la première ?

D'autre part, on aurait créé comme nécessaire à la direction *un patron* dont le despotisme inévitable n'aurait d'égal qu'une insuffisance désastreuse.

Il ne faut pas s'y tromper : une seule chose est capable d'engager l'homme au travail, de l'exciter à produire et de lui faire poursuivre la recherche d'améliorations constituant un progrès qui, quoi qu'il en résulte, est toujours un avantage pour tous.

Cette chose, c'est de pouvoir dans son individualité, arriver à la possession.

Et s'il peut être bon, nécessaire même, de régler dans une certaine mesure les effets de ce sentiment, afin que l'homme ne puisse les faire servir d'instruments d'exploitation de son semblable, il faut bien se garder d'en faciliter la destruction ; car la suppression des effets de ce sentiment,

serait encourager du même coup la paresse
comme vertu sociale, et, au détriment des
intérêts les plus chers, ce serait favoriser
l'engourdissement des facultés intellec-
tuelles, si vives dans notre pays, où elles
sont l'un des agents principaux de sa prospérité ; ce serait aussi provoquer l'émigra-
tion de toutes les natures d'élite, de celles,
enfin, qui, possédant véritablement du
génie, ne manqueraient pas d'aller à la recherche d'un pays où il leur serait possible
de satisfaire leur besoin d'initiative, d'y
faire valoir leurs qualités et enrichiraient
ainsi par leurs travaux leur nouveau lieu
d'adoption, au grand dommage de leur
pays natal.

En outre, dans leur erreur, les promoteurs de cette théorie de l'Etat, seul possesseur, ont-ils pu aller jusqu'à penser un instant que l'Etat pourrait affermer ses diverses
sources de revenus ?

Mais qui prendrait envers lui de semblables engagements ?

La possession quelconque devant disparaître, quel serait le mobile pouvant engager qui que ce soit à assumer pareille
responsabilité ?

Il ne resterait donc à l'Etat que la res-

source de se créer des associés, en dépit
de la doctrine qui l'aurait rendu propriétaire, ou d'employer la faveur de l'intéres-
sement.

Oui, certainement, s'il s'est trouvé quelques hommes trompés par la grandeur mi-
roitante ou la facilité apparente de cette
idée qui ne manque pas d'une certaine ori-
ginalité, leur bonne foi a été assurément
surprise sur la possibilité d'une situation
qui pourrait être faite à des administrés
par un Etat distributeur, de ses manufac-
tures, de ses centres industriels, de ses
maisons de commerce, etc., d'un Etat devenant partial, au nom des intérêts généraux
et manquant forcément à son mandat, ainsi
qu'à son devoir le plus sacré : *celui d'être
égal pour tous.*

Non, ce n'est pas possible ; ils eussent *à
priori* repoussé la pensée d'une pareille
perspective, en même temps qu'ils se fus-
sent aperçus que le résultat le plus clair d'un
État seul possédant serait, avec une stérilité
de revenus qui ne se ferait pas attendre,
une immobilisation d'un capital immense,
nuisible, par cette immobilité au développement de la richesse publique.

Le numéraire, à son tour, entraîné par les

achats destinés à pourvoir à l'insuffisance de la production nationale, émigrerait à l'étranger, sans espoir de l'en voir revenir.

Les possessions mobilières et immobilières deviendraient sans valeur, et la misère partielle qui, en somme, peut encore être secourue au moyen d'organisations qui préoccupent aujourd'hui tous les esprits, serait remplacée par la misère générale, sans amélioration possible.

Puis, dans le cas où le pays aurait à faire face à une guerre imposée, dans laquelle son existence elle-même serait en jeu, où le gouvernement trouverait-il l'argent nécessaire à la résistance ? Pourrait-il hypothéquer le bien national ?... Mais où trouverait-il le prêteur ?

Le pays serait inévitablement réduit à être livré pieds et poings liés au premier conquérant qui voudrait l'asservir.

Quelques personnes, sans doute, trouveront ce tableau un peu chargé en ce que jusqu'ici il n'est venu qu'à quelques corporations la pensée d'obtenir un sort plus heureux par l'Etat possédant l'élément du travail.

Mais alors pourquoi pas toutes les corporations ? L'exclusion de quelques-unes

ne saurait résoudre que des cas particuliers
dans la question sociale, qui ne peut conserver ce nom qu'autant qu'elle embrasse
la généralité. Ce serait, en outre, nier les besoins représentés par cette appellation et
son existence même, si l'on admettait un
instant que, de tous ceux qui souffrent —
et il y en a dans toutes les professions —
quelques-uns seulement jouiraient des bénéfices obtenus par l'aide de la généralité.

De la suppression du capital.

Passant maintenant à l'examen de cette
revendication qui, ayant pour titre principal
la *Suppression du Capital*, voudrait en
même temps la mine au mineur, la terre au
laboureur et l'outil à l'ouvrier, ou autrement dit la possession de la chose produc-
tive par celui qui la fait produire.

Nous voyons tout ceci, qui vise assurément avec les puissantes fortunes finan-
cières obtenues de nos jours, sans le concours d'un travail manuel apparent, toutes
les compagnies ou grandes associations
quelconques formées par actions et ayant

pour but l'exploitation des produits du sol ou du sous-sol, la fondation d'usines ou maisons de commerce considérables, le monopole des moyens de transports, etc., former l'ensemble d'une théorie qui n'est autre qu'une aspiration à la destruction d'un état de choses soumis à des lois dont le fond même est inéluctable.

En effet, si l'obtention moins facile du capital personnel est une chose que la morale engage à régler au plus tôt, s'il est sage aussi que les bénéfices d'une exploitation comportent une part pour l'ouvrier et une autre part pour une caisse de secours ou d'assurance pour l'avenir de tous, il faut se garder de porter une atteinte mortelle au capital, dont le mouvement et la transformation sont aussi nécessaires au travail et à la liberté d'un peuple, que la nourriture l'est au corps pour lui conserver la santé et réparer ses forces.

Le droit au capital, fruit de notre civilisation, fait partie des avantages auxquels tout homme a le droit d'espérer, en vertu d'une loi tout autant d'essence naturelle que l'est celle de la mutualité, et qui pousse l'homme, sans qu'il puisse s'y soustraire, à n'être jamais satisfait de ce qu'il possède, l'oblige à toujours chercher à augmenter la somme de son bien-être, ou tout au moins à l'acquérir plus facilement.

Qu'ainsi le veut la nature dont la secrète préoccupation semble avoir été de prendre un soin infini pour que, en quelque occasion que ce soit, nous ne puissions nous soustraire à un travail incessant, que nous ne pouvons arrêter ni limiter, restant ainsi les ouvriers nécessaires et inconscients d'une œuvre générale que notre cerveau ne nous permet pas de comprendre.

Qu'il découle de cette loi que, selon les aptitudes différentes dévolues à chacun de nous, nous occupons tous, dans l'ensemble social, une place utile dont nous devons accepter les conséquences avec calme, et remplir les charges avec dignité.

« Il peut être utilement constaté ici qu'une faute considérable a été commise en France lorsque par des privilèges ou par une considération particulière accordés à certaines professions, les gouvernants ont provoqué dans la nation l'oubli qu'il était nécessaire pour la prospérité et la moralité d'un pays qu'il s'y puisse toujours trouver des hommes aptes à remplir chacune des conditions de la vie sociale.

Oubli qui a faussé l'esprit de la majorité de la nation jusqu'à lui faire honorer certaines professions, au détriment moral d'autres.

En agissant ainsi, on a encouragé beaucoup d'individus intelligents à forcer leurs moyens pour briguer l'exercice d'une profession plus en vue, et par contre à abandonner le choix de professions où ils eussent certainement pu jouer un rôle honorable, et les nombreux échecs qui résultent de cette fausse direction pour des êtres dont les aptitudes spéciales se trouvent ainsi détournées de leur véritable voie produisent une grande quantité de non-valeurs et un nombre non moins grand de mécontents.

De plus, pour ceux qui pratiquent des professions ou des métiers réputés infimes, l'État de prétendue infériorité où les place une fausse appréciation des choses leur est une incitation à se croire des déshérités et à faire injustement partie d'une exception sociale quand, au contraire, ils font partie de la règle. Se croire déshérité révolte l'homme, et de l'état d'esprit qui en résulte à une haine des classes privilégiées, il n'y a qu'un pas qui sera toujours franchi à la première occasion.

Est-ce qu'une société n'a pas besoin pour assurer son mouvement vital que tous les métiers puissent être exercés? et qu'il s'y trouve toujours des hommes aptes à en remplir les conditions? Est-ce que le plus petit ouvrier, ou le plus modeste employé, ne sont pas, dans l'ordre social, d'une utilité aussi grande qu'un industriel ou un financier de quelque importance que l'un ou l'autre puisse être?

Pourquoi alors ne pas honorer les premiers au même titre que les derniers? »

Dans l'ordre de l'idée interrompue par cette digression, et en face de la théorie de la suppression du capital, nous ne devons pas non plus perdre de vue qu'en France chacun de nous peut, de simple ouvrier ou employé, s'élever et devenir à son tour chef industriel, commercial ou dignitaire d'une fonction quelconque ; que tel est notre droit, et que ce droit est pour tous, sans qu'il soit besoin d'autre chose que de la volonté, de l'intelligence, du travail et de la conduite ; toutes vertus dévolues à notre espèce et qu'il lui suffit de faire valoir.

Qu'aussi, lorsque l'un de nous parvient à s'élever au delà de son point de départ social il produit, avec la gloire d'avoir surmonté bon nombre de difficultés, un capital à son profit ; ce capital que la théorie qui précède ces lignes trouve juste de détruire, quand, somme toute, elle n'est que le résultat d'une épargne que notre intelligence pratique et souvent aussi des privations nous permettent de réserver sur des besoins raisonnés ; ce capital enfin, qui, laissé souvent peu important à nos enfants ou à tout autre qu'il nous plait, leur profite en vertu du même droit d'accroissement, et qui fait du capital ou possession le produit de plusieurs générations.

Ce bien, que nous pouvons tous acquérir, doit être sacré ; il ne peut en être autrement selon les règles de l'équité, et le respect de tous doit lui être acquis.

Puis ne devient-il pas, dans l'ordre de l'association, le seul moyen qu'ont les petites bourses ou les petites possessions de s'unir et de former, par leur union, un tout permettant l'essor à des entreprises qui, pouvant satisfaire aux exigences de la production, donnent à une nation la force de se maintenir à la hauteur de ses concurrentes, et d'assurer, par ce moyen, le travail national et la vie aux travailleurs, toutes choses que ne pourraient faire les petites sommes dans leur unité.

Que ferait, en effet, un ouvrier muni d'outils excellents et perfectionnés s'il n'avait à offrir comme garantie pour ses achats de matières transformables qu'un talent sans conteste et sa bonne volonté? Comment obtiendrait-il, dans cette situation, des conditions avantageuses à sa production, attendu que les produits dont il aurait besoin ne lui seraient consentis à des prix d'autant plus bas, qu'il en pourrait acquérir une plus grande quantité? Comment aussi attendrait-il, sans crainte, les demandes qui pourraient lui être faites et qu'aucun ne saurait rendre bénéficieuses, quand le besoin l'oblige à écouler chaque jour le travail produit?... Enfin, comment s'y prendrait-il pour renouveler son outillage, non seulement dans son usure journalière, mais aussi dans son amélioration ou son changement rendu nécessaire pour soutenir la concurrence et satisfaire à des demandes nombreuses?...

A toutes ces questions, il peut être répondu uniformément par les trois mots suivants : *Rien sans capital* !

Puis, pour ne rien laisser de l'ensemble de cette théorie sans y répondre, lorsqu'il s'agit plus spécialement de la mine aux mineurs, etc., ne peut-il donc être de toute justice que celui qui possède la terre ou les immeubles dans lesquels le travail peut être exécuté, reçoive, à son tour, une indemnité proportionnée aux avantages qu'il concède?

De plus peut-il être moins juste que celui qui, possédant un capital, le prête à un autre doué d'un talent ou d'un savoir manuel dont il ne pourrait tirer parti sans l'adjonction d'un aide, qui devient en fait son associé, reçoive pour cette coopération un bénéfice quelconque et en raison des risques courus?

Si ces choses de la plus élémentaire justice pouvaient être niées, ce serait l'arrêt brutal de tout travail ; ce serait, en outre, *le suicide national.*

Quant à l'erreur morale qui fait éprouver à beaucoup une sorte d'envie contre ceux qui, ne travaillant pas manuellement, vivent d'une direction, il est utile de leur faire remarquer combien ce sentiment porte à faux, en ce que le jour où l'un d'eux se trouverait en face d'une entreprise dépassant ses forces ou ses moyens d'action, il se verrait obligé d'avoir recours à ses semblables, c'est-à-dire de former une association plus ou moins nombreuse et en rapport avec la somme d'efforts nécessaires ; ce jour-là, il y aurait certaines choses auxquelles les ouvriers, *travailleurs manuels proprement dits,* ne pourraient s'astreindre sans nuire à la quantité d'une production rémunératrice, et, pour lesquelles choses, il faudrait des aptitudes spéciales, faisant souvent défaut à des hommes doués d'une véritable science d'exécution, comme de s'occuper des achats, plans, tenue des écritures, recherche des affaires, vente de produits, recouvrement des sommes dues à l'association, etc.

Celui-là, dont l'utilité ne peut cependant

être contestée, ne serait-il pas un travailleur aussi, dans le sens absolu du mot, et n'aurait-il pas droit, parce qu'il n'aurait pas manié la pioche ou le marteau, aux mêmes avantages que ceux qu'il aurait aidés, selon son intelligence, et auxquels il aurait rendu des services dont ils ne pouvaient se passer ?

Hé bien ! qu'est-il celui-là, s'il n'est l'image réduite, mais fidèle, du chef industriel et commercial ? ce dernier n'ayant de réelle différence avec lui que parce qu'il assume, à ses risques et périls personnels, les frais d'une direction qui, si elle lui permet d'espérer des bénéfices parfois plus importants, l'expose brutalement à tous les désavantages de l'écoulement de la production ; à ceux aussi des pertes pour non paiements, détérioration des produits, etc.; risques nombreux et dans lesquels la coopération manuelle n'a rien à faire.

Ces quelques remarques auront, je l'espère, pour effet de faire reconnaître à ceux qui voudront bien les méditer que le capital est aussi nécessaire au travail qu'il attire qu'à l'ouvrier auquel il procure de l'ouvrage ; que, de plus, il est l'un des principaux agents qui aident à la grandeur d'un

pays, le portent ou le maintiennent à la tête
des nations ; qu'en vouloir la suppression
est une erreur qu'il faut repousser comme
fatale pour tous !

De l'Anarchie.

Je ne puis terminer cette étude sans
examiner ce qu'un nouveau parti politique,
qui a pris le nom d'anarchie, peut avoir de
liens communs avec la question sociale,
dont il se réclame, et qu'il prétend servir
par l'emploi de moyens qui en sont cependant la négation.

Jusqu'ici, les violences de langage et les
menaces de ceux qui se sont faits les apôtres
de cette doctrine ont eu pour effet d'exciter
certains cerveaux jusqu'au fanatisme et de
provoquer de prétendus actes de propagande par le fait, qui soulèvent la répro-
bation de tout cœur français, égarent les
esprits sur les véritables revendications socialistes et préparent la résistance dans
un pays où les menaces ne font pas peur.

En outre, par son langage ou ses actes,
ce parti risque de compromettre gravement
la prompte réussite de l'œuvre fraternelle

que le socialisme réel doit poursuivre.

Telle qu'elle se présente à notre jugement, l'anarchie semble n'être qu'une aberration complète des règles et des conditions nécessaires à toute vie sociale, et sa caractéristique offre de grandes difficultés à l'analyse exacte.

Dans le domaine de l'idée, elle nous donne la vision de théoriciens qui, poursuivant l'amélioration complète et immédiate de la société, sans vouloir admettre le respect d'aucun droit ou d'aucune chose, se heurtent à des intérêts d'une complexité qu'ils n'avaient pu soupçonner, et qui, opposant à leur impatience des obstacles considérables, les exaspèrent et les font désespérer de la possibilité d'améliorations à obtenir par une évolution graduelle et non interrompue.

Cette erreur, leur faisant prendre pour insurmontable la mauvaise volonté apparente que met la société à se transformer, ils répudient tous les moyens de conciliation qui pourraient leur être offerts, et n'ayant plus de croyance que dans la révolution, ils font appel à un effondrement de ce qui existe, dans l'espoir de le voir remplacé par un état meilleur.

Si nous passons maintenant dans le domaine des faits, nous constatons que les
apôtres de cette doctrine ayant, par une propagande excessive développé chez leurs
adeptes, principalement des instincts ou du
fanatisme, l'examen de ce qui s'offre à notre
étude ne nous présente, dans cet ordre des
faits, que des actes dérivant du développement exagéré de facultés dont il eût
été sage, tout d'abord, de modérer la violence.

Aussi, les uns paraissent-ils faire le mal
pour le mal, sans plus de réflexion que
n'en met la brute, en torturant un animal,
dans le but de le voir souffrir.

Puis viennent ceux qui, par désordres
moraux, intelligence faussée ou absence
de sens pratique, sont incapables de se
faire une place dans la société par des
moyens réguliers, s'en prennent à elle
de leurs fautes personnelles, lui vouent une
haine implacable et se laissent aller à ce
qu'ils croient être des actes de vengeance.

Toutes ces choses, qui, de près ou de
loin, ne peuvent avoir rien de commun
avec le socialisme, font le plus grand tort à
la question sociale, question qui, repré-
sentant une œuvre devant se traduire par :

Amour et Amitié pour son prochain !... ne peut tenir son succès que par la persuasion unie à une volonté sans faiblesse.

Ce qu'on doit penser des théories qui précèdent.

Toutes ces théories, qui peuvent être appréciées par quelques personnes comme *un cahos d'idées*, prennent néanmoins leur source dans l'expression mal traduite de souffrances dont l'organisation actuelle de la société est la cause.

Et ceux qui les professent veulent dire par là : Non!.. il n'est pas juste que la possession soit organisée comme l'a faite la société jusqu'à ce jour.

Non, il n'est pas équitable que quelques-uns puissent posséder beaucoup plus qu'il n'est nécessaire à des besoins, même très considérables, et qu'à côté de ces privilégiés d'autres hommes, et c'est le plus grand nombre, peinent sans aucun espoir ou manquent même du plus strict nécessaire.

C'est là le cri naturel de toute souffrance, qu'elle ait pour cause la maladie, les accidents ou l'insuffisance intellectuelle ou physique.

Il est aussi le cri de ceux qui, péniblement, gagnent leur pain quotidien, sans garantie pour leur avenir.

A tous ceux qui pensent et parlent ainsi, peut-on jeter la pierre?...

Non! mille fois non!

Et les heureux, au lieu de leur reprocher des torts qui, souvent, il est vrai, ont pour point de départ une imprévoyance ou une faiblesse, doivent, comme je l'ai dit précédemment, ne voir en ces choses que des conséquences de nécessités sociales multiples, qui ont pris certains individus au dépourvu ou mal armés pour la lutte de la vie.

Puis lorsque, dans des accès de haine aveugle, ces nombreux blessés se laissent aller à proférer les cris de : *Sus au capital! mort à l'exploiteur!* lorsqu'enfin, dans un moment d'aberration, ils cherchent à obtenir par la violence ce qu'ils ne croient pouvoir aucunement espérer de l'équité; sans se départir de la douceur qu'on doit à des égarés, auxquels il y a lieu d'accorder une certaine somme de circonstances atté-

nuantes, il faut, tout en les empêchant avec
fermeté, de se laisser aller à leur affole-
ment, en supprimer la cause par des gages
sérieux d'une volonté arrêtée, et remédier au plus tôt à un état de choses qui, s'il
devait se prolonger longtemps encore, ferait
courir à notre cher pays les risques d'un
cataclysme révolutionnaire beaucoup plus
violent que tous ceux dont il a souffert jusqu'ici, et dont il est impossible de prévoir
les conséquences.

Appliquons-nous donc tous, en France, à
rester maîtres de nos actes et de notre volonté ; que rien ne puisse nous faire départir de la ligne de conduite que nous nous
serons tracée, et que notre sang-froid ne
puisse jamais être mis en défaut dans cette
lutte morale qu'il nous faudra livrer avec
la dernière énergie à une société dont nos
projets tendent à modifier l'économie, et qui
ne livrera pas, sans un combat désespéré,
les avantages de privilèges qu'elle détient
depuis les temps les plus reculés, et qu'elle
est accoutumée à considérer comme des
droits lui appartenant sans conteste.

Nous aurons aussi à compter parmi nos
ennemis résolus ceux chez lesquels la propagande, faite imprudemment de certaines

théories, a développé des appétits que nos revendications fraternelles ne pourront satisfaire, et qui deviendront nos opposants non les moins acharnés.

La lutte sera donc rude, mais qu'importe ! L'esprit en France est suffisamment préparé; la forme gouvernementale actuelle sert merveilleusement l'action telle que nous devons la concevoir. En avant donc !... Nous ne pouvons plus différer.

Et si nous entreprenons cette lutte toute morale avec un esprit de suite, doublé d'une discipline sans écarts, le succès nous est assuré ; car rien de ce qui est du domaine humain ne peut résister à l'emploi de ces moyens.

Illusions sur la solution de la question sociale par maturité.

Plusieurs fois, j'ai entendu tenir ce langage :

« La solution de la question sociale est
« arrivée à un tel point de nécessité dans
« notre société, qu'elle ne peut plus s'arrêter
« dans le mouvement d'impulsion que lui
« ont communiqué les théories émises jus-

« qu'ici toutes concourant au même but, mal-
« gré les nuances qui paraissent les diffé-
« rencier, et qui tiennent à l'obligation qu'on
« ne peut intéresser l'homme à une chose,
« qu'autant que cette chose lui parle de ce
« dont il souffre le plus ; mais l'union se
« fera forcément un jour en vue d'une ac-
« tion commune, et la force de cette union,
« devenant irrésistible, imposera la solution
« de la question sociale, comme la seule
« issue par laquelle la société pourra sortir
« de l'impasse où elle aura été acculée.

« La question sociale se résoudra donc
« d'elle-même ; ce résultat est inévitable. »

A ces espérances, dont les plus modérés
apôtres fixent à un siècle environ la réalisation, j'oppose la plus ferme dénégation !

Non !... La question sociale ne se résoudra pas ainsi. Livrée aux hasards d'une ma-
turité capricieuse, le dénouement ne pourra
avoir lieu pacifiquement. En admettant
avec les plus optimistes, que, malgré l'opposition entre les théories ou dans les
moyens employés pour sa propagande, les
besoins de tous produisent, à un moment
donné, une union en faveur d'une action
commune. Cette union ne serait qu'à la
surface, le fond serait une division en sec-

tions irréconciliables, qui ne manqueraient
pas d'ensanglanter la nation dans des luttes
sans fin, amenant un jour l'humanité ré-
voltée à éprouver, dans un mouvement
d'horreur, le besoin d'une réaction qui re-
mettrait tout en question.

Notre histoire nationale ne nous apprend-
elle pas que, si ce sont des doctrines en
grand nombre qui ont amené l'union suffisante pour notre immortel mouvement social de 1789, ainsi que pour tous ceux qui
ont suivi depuis, chaque fois les promoteurs ou propagateurs n'ont pu, au jour de
la réussite, rester les maîtres de l'effort
qu'ils avaient provoqué, et qu'au lieu de
pouvoir conduire l'effet obtenu et le calmer,
c'est lui, au contraire, qui les a entraînés
dans un cahos où ils ont été broyés, en obligeant en même temps la société à se res-
saisir dans des formes dont nous avons eu
à regretter parfois les conséquences, si
cela peut, en partie, s'expliquer par l'impossibilité matérielle où se sont toujours
trouvés les promoteurs de propager la des-
cription d'un plan unique d'action, qui, en
permettant d'habituer le peuple à une uniformité d'intentions, l'eût préparé à une
direction, ce qui ne leur fut pas permis en

raison du secret qu'ils durent garder sur leurs aspirations réelles, sous la domination de gouvernants qui n'eussent pas manqué d'anéantir hommes et projets.

Point n'est besoin qu'il en soit ainsi aujourd'hui ; c'est, au contraire, au grand jour que la solution de la question sociale doit être posée et proposée au moyen d'un projet unique, compréhensible et acceptable pour tous, faisant connaître au juste la somme d'un *desideratum* nécessaire. Cette façon d'agir aurait certainement pour effet d'affaiblir l'énergie de la résistance et de grossir les rangs socialistes de tous les étonnés ou effrayés par des théories multiples dont les schismes apparents ne pourraient qu'augmenter l'indécision sur la nature ou le bien fondé de la plupart des souffrances à soulager.

Il est indéniable qu'agir ainsi serait assurer à la question fraternelle qui nous occupe une victoire d'autant plus rapide, que l'état-major aurait pu, par avance, faire naître une discipline qui, évitant le cahos moral après l'action, permettrait de régler sainement les effets obtenus, sans crainte d'aucun essai de réaction.

Le choix d'un plan de campagne destiné

à produire l'effet que je préconise ne pouvant être indifférent, dans son esprit comme dans ses moyens, je vais essayer, dans les chapitres de la deuxième partie de ce travail de préciser les principaux avantages à obtenir par une *Mutualité Fraternelle*, comme je la conçois, et d'indiquer certains moyens d'action qui, d'après ma pensée, peuvent être utiles au parti socialiste, et l'aider à arrêter complètement une ligne de conduite pour une lutte dans laquelle il doit exclure les moyens violents afin de s'assurer une victoire qui ne pourra lui échapper (1).

Et maintenant, socialistes convaincus, debout!... Unissons nos volontés; unissons-les étroitement, afin qu'elles ne puissent faiblir devant les difficultés nombreuses que nous rencontrerons.

Faisons appel à tous, et que la victoire inévitable de cette grande œuvre patriotique d'apaisement, de justice et de moralité, soit le couronnement de nos efforts, au grand honneur de l'humanité.

Allons! hommes de cœur, hommes de dévouement, à l'œuvre tous! nous serons

(1) J'estime qu'il serait possible d'obtenir la réussite complète en douze années environ, si la campagne était menée vigoureusement.

entendus] et compris ! car, c'est pour la France !... et c'est au nom de la *Fraternité !*

Notre but doit être : de constituer *une Société mutuelle et nationale de laquelle tout Français, quel qu'il soit, doit faire partie comme membre participant.*

D'obtenir ainsi un fonds disponible inépuisable, en même temps qu'une réserve considérable, de façon à permettre d'assurer à tout Français les secours qui pourront lui être nécessaires dans le cours de sa vie active.

Et, qu'arrivé à la vieillesse, il soit assuré, *comme d'un droit absolu,* d'être à l'abri de toute préoccupation pour son avenir; qu'aussi, à un âge qui sera fixé, des ressources pécuniaires lui soient servies de manière à lui permettre de prendre le repos sur lequel il peut devoir compter.

Cette œuvre pourrait être appelée :

ASSOCIATION MUTUELLE ET FRATERNELLE DE FRANCE

**

Avant d'entrer dans la deuxième partie de cet exposé, je crois utile de poser ici en principe que le jour où la nation française aura résolu la pratique de son devoir fraternel, en ne permettant plus à la misère involontaire d'exister chez elle, la Nation devra prendre telles mesures nécessaires pour ne pas laisser place à des abus, qui deviendraient rapidement la négation de toute mutualité possible.

Et, comme elle sera humaine et fraternelle, en accomplissant ce grand acte de justice, il lui faudra en exiger, sans faiblesse, les devoirs pour tous, en se gardant bien de faire du sentiment.

Cela, d'autant moins, qu'il sera devenu un devoir social d'exercer une sévérité rigoureuse et obligée envers ceux qui, par ruse ou par paresse, chercheraient à se soustraire à l'obligation d'aider au bien-être général.

.

Beaucoup de choses très utiles pourraient encore être dites, mais je m'arrête afin de ne pas rendre fatigant cet exposé déjà long.

En remerciant le lecteur de sa persévérance, je me permettrai, avant de l'engager à aller plus loin dans cette étude, de lui exprimer combien je serais heureux si j'avais eu le bonheur de le convaincre que laisser les choses en l'état actuel serait perpétuer une iniquité qu'il faut faire cesser au plus tôt, en la remplaçant par le règne de : l'*Equité;* que cette modification, pour avoir trop tardé, a donné naissance à des ferments de discorde qu'il faut faire cesser, afin d'entraver le mauvais essor d'un esprit révolutionnaire, duquel il peut résulter pour notre nation une faiblesse qui en permettrait l'asservissement par un nouveau César ou par un conquérant ; ce qui serait un terrible retour en arrière, retour dont nous pouvons en partie calculer les conséquences en établissant un instant un parallèle entre ce qui en résulterait et la somme des libertés dont nous jouissons actuellement, et que nous avons déjà payées si chèrement.

J'espère aussi que chacun reconnaîtra, avec moi, que vouloir étendre notre action au delà de nos frontières en matière de question sociale, serait dépenser, sans beaucoup de chances de succès, des forces qui pourraient être utilisées chez nous avec fruit ; qu'il nous faut donc chercher à résoudre, pour notre propre compte seulement, *la question de l'aide certaine dans les circonstances malheureuses de la vie.*

Offrons-en l'exemple aux peuples étrangers qui, à leur tour, nous imiteront, si bon leur semble ; mais, au moins, selon leurs aspirations et leurs besoins particuliers.

Le cercle que je préconise est restreint, il est vrai, mais il reste dans l'esprit véritablement pratique de la chose et, il en permet d'autant la réussite qu'il peut ainsi, n'être composé que d'intérêts n'ayant pas entre eux trop d'opposition.

Que tous nos efforts soient faits pour éviter les guerres entre les peuples. Oui, ce terrain a assez d'étendue pour satisfaire à l'énergie de tous les bons esprits qui voudraient voir le règne de la Fraternité générale, et dans cet ordre d'idées, c'est aussi, je crois, le seul but qu'il nous soit permis de chercher à atteindre.

Et enfin, si sur ce terrain humanitaire nous devons éprouver quelques malheureuses déceptions, cherchons au moins à n'en pas augmenter le nombre, au détriment de notre bonheur social particulier.

FIN DE LA PREMIÈRE PARTIE

DEUXIÈME PARTIE

TRAITANT DES BESOINS ET DES MOYENS

CHAPITRE PREMIER

Introduction.

Désirant traiter dans cette deuxième partie de la constitution et du fonctionnement de cette œuvre, c'est sous le titre : *Statuts* que je vais l'entreprendre et que j'indiquerai, en même temps, les avantages que, selon ma pensée, cette organisation devra procurer à tous.

Mais, comme pour la compréhension du fonctionnement de cette création, la concision donnée ordinairement à un texte de statuts serait insuffisante, je me verrai obligé de sortir des règles communes d'une rédaction statutaire en en allongeant parfois quelques articles par les détails que je croirai indispensables pour en bien faire saisir l'esprit et initier complétement le lecteur à l'économie de ce projet.

STATUTS

De l'association.

ARTICLE PREMIER. — Il est formé, sous les bons auspices de l'Etat français, et avec sa protection, une Société mutuelle devant avoir pour effet de faire disparaître en France la misère involontaire, d'assurer à chacun la sécurité contre les maux qui pourront le frapper quotidiennement, ainsi que l'indépendance et les ressources pécuniaires nécessaires à la tranquillité pour ses vieux jours.

Cette Société prendra le nom de : *Association Mutuelle et Fraternelle de France* !

Du siège social.

ART. 2. — Son siège social sera à Paris, dans un bâtiment national que l'Etat mettra à sa disposition.

Aussitôt sa formation, elle sera reconnue d'utilité publique, ayant qualité de personne civile.

L'entretien de l'immeuble, l'éclairage, le chauffage et le mobilier seront à la charge de l'Etat.

Afin de ménager les ressources sociales et leur permettre de rendre tout l'effet utile, la gratuité absolue existera pour toute la correspondance du service réel de l'association ; ses envois d'argent par la poste, les chemins de fer ou bateaux quelconques, jouiront des mêmes franchises ; les membres du conseil auront aussi le droit à la gratuité absolue de leur transport par terre ou par mer et de frais de route quelconques, lorsqu'il s'agira du service de la Société.

Du Conseil d'administration.

ART. 3. — Le Conseil d'administration sera composé de trente et un membres.

Il seront nommés à vie par l'Etat, qui devra toujours les choisir de la manière suivante :

Deux membres dans l'armée de terre,

officiers ou soldats en activité ou retraités.

Deux membres dans la marine, officiers ou marins en activité ou retraités.

Deux membres dans l'administration gouvernementale, en activité ou retraités, à quelque titre qu'ils en aient fait partie.

Trois membres seront ou auront été chefs industriels ou manufacturiers, sauf de l'Etat.

Deux membres seront ou auront été chefs commerçants.

Deux membres seront ou auront été armateurs ou entrepreneurs de transports par mer.

Deux membres seront ou auront été entrepreneurs de transports par terre ou administrateurs de chemins de fer.

Deux membres appartiendront à la presse militante dite du journalisme.

Un membre sera le gouverneur de la Banque de France.

Un membre sera le gouverneur du Crédit Foncier de France.

Deux membres feront partie du corps médical.

Deux membres seront ou auront été agriculteurs pratiquants.

Trois membres seront des ouvriers, dans

le sens absolu du mot, travaillant ou ayant travaillé manuellement à la journée ou aux pièces.

Deux membres seront des employés.

Deux membres seront des propriétaires fonciers.

Un membre appartiendra à la finance, banque, agent de change ou établissement de crédit.

Feront de droit partie du Conseil et en plus des trente et un membres réguliers : les ministres de l'intérieur et des finances.

Ils y siègeront avec le titre de Présidents d'honneur, et y auront voix consultative et délibérative.

Leur présence leur permettra d'exercer un contrôle réel, et, après avis du conseil des ministres, ils pourront arrêter les effets d'une décision du conseil d'administration, mais pas au delà d'une période de quinze jours, pendant lesquels le Conseil d'Etat sera appelé à donner son avis.

Cet ensemble de formalités, y compris la décision du Conseil d'Etat, ne pourra dépasser trente jours ; cette sorte de jugement sera sans appel.

La révocation d'un ou de plusieurs membres du Conseil ne pourra avoir lieu que pour cause d'indignité et à la suite d'un vote ayant réuni la moitié plus un, au moins, des membres du Conseil; dans ce cas, la décision sera remise aux deux ministres présidents, qui, après avis du conseil des ministres, soumettront le cas au Conseil d'Etat, ce dernier statuant toujours sans appel; toute cette procédure ne devra pas dépasser un mois.

Toutes les fonctions de membre du Conseil seront gratuites; toutefois, une allocation pécuniaire à déterminer sera allouée aux membres qui ne pourront vivre de leurs moyens.

Le Conseil pourra s'adjoindre pour la tenue des écritures seulement, et dans la plus juste mesure, quelques employés salariés.

De la nomination du bureau.

Aussitôt nommé, le Conseil procèdera à la nomination de son bureau, qui sera pris parmi ses membres par voie d'élection, et à la majorité de la moitié plus un de la totalité des membres du Conseil.

Le bureau se composera: d'un président,

de deux vice-présidents, d'un trésorier, de deux secrétaires.

Toutes les fonctions de membre du bureau sont bisannuelles; un roulement établi au moyen d'un tirage au sort, fait aussitôt la première nomination du bureau, désignera, pour tous les renouvellements suivants, le titulaire futur à chaque fonction, de manière que, à tour de rôle, chaque membre du Conseil soit appelé à faire partie du bureau et à la Présidence.

Comme notes explicatives, il y a lieu ici d'ajouter que:

1° En raison de ce que les membres du conseil devront être pris dans certaines professions fixées statutairement et de leur nomination à vie, afin de conserver la même proportionnalité, dans le cas où un titulaire viendrait à changer de situation personnelle, il serait opéré de la manière suivante :

Si, faisant partie du Conseil, un ouvrier devenait patron, ce changement dans sa situation ferait bénéficier le chiffre industriel qui, de trois, deviendrait quatre; alors, à la première vacance qui se produirait dans le groupe industriel, il y serait pourvu par un ouvrier, l'équilibre se trouverait ainsi rétabli; il en serait de même dans tout cas similaire.

Quant aux vacances quelconques qui ne produiraient pas ce trouble, il y serait pourvu par un membre repris dans la classification indiquée.

2° A propos du roulement et pour son premier établissement, les nos 1, 2, 3, 4, 5, 6, seraient avant

tirage donnés aux membres du premier bureau
nommé à l'élection, et alors du n° 7 au n° 31, le
sort assignerait à chaque membre du Conseil le
numéro d'ordre qui lui appartiendrait pour toujours; cependant, en cas de décès ou de démission,
le membre nommé en remplacement, prendrait
le n° 31 de la fin du tableau, et tous les membres
ayant un numéro plus élevé que celui du disparu
prendraient le numéro avant eux, se rapprochant
ainsi du n° 1; — donc, en cas de disparition du
titulaire n° 10, le n° 11 prendrait le n° 10, et ainsi de
suite.

3° Quant à la bisannualité des fonctions au bureau du Conseil, il en serait ainsi: Le président, à
la fin de ses deux années, redeviendrait simple
membre du Conseil; il reprendrait rang à la fin du
roulement tout en conservant le numéro qui lui
appartient, le premier vice-président deviendrait
à son tour le président, et ainsi de suite, chaque
membre du Conseil se rapprochant de la présidence,
en vertu de l'indication de son numéro.

Dans le cas où le président se trouverait dans
l'obligation de quitter ses fonctions, ou venait à
décéder, le roulement de remplacement suivrait
immédiatement son cours pour deux années, à partir de ce jour; mais pour tout membre du bureau,
autre que le président, le roulement suivrait son
ordre indiqué, sans changement autre que celui de
l'avantage du temps fait aux membres suivants et
qui les rapproche de la présidence.

Des réunions du Conseil.

ART. 4. — Les réunions du Conseil
d'administration auront lieu, au moins,
une fois par semaine.

Pour être valables, toutes ses décisions devront obtenir le vote favorable de la moitié plus un des membres présents; en cas de partage, la voix du président deviendra prépondérante.

La séance elle-même, pour être valable, devra comprendre la moitié plus un, au moins, des membres du Conseil.

Les décisions ayant pour but le placement des fonds de la réserve sociale ou pouvant grever la Société, en un mot, toutes les opérations en dehors de celles ordinaires qui sont: les secours et le service des rentes, auront besoin, pour être valables, du vote favorable de la moitié, plus un, de la totalité des membres du Conseil. Seront soumises à la même obligation les modifications à apporter dans la nature des placements de réserve.

Le Conseil d'administration décidera donc de toutes les opérations de la Société; il fera toutes les démarches nécessaires auprès des pouvoirs supérieurs et poursuivra, près d'eux, la réalisation de ses demandes. Il pourra ester en justice, prendre toutes mesures qu'il croira utiles aux intérêts dont il a la charge. Il examinera toutes les propositions, mémoires, enquêtes, demandes de secours, etc., qui lui seront adressées, et statuera sur la suite à leur donner.

Enfin, il décidera complètement de tout l'emploi des fonds.

Pour la distribution des secours, des mises à la retraite, ou fonds dits de premiers secours, le Conseil pourra statuer sur des rapports faits par les soins des mairies, des ambassades et des consulats, ou, en cas de besoin, sur des rapports de conseillers ou délégués pris en dehors du conseil, et commissionnés par lui à cet effet.

Mais, tout contrôle, quel qu'il soit, devra être exercé, partout et en tout temps, directement par des membres du Conseil, après entente avec le bureau; cependant, à l'étranger, lorsque tout autre moyen ne se fera pas sentir, le contrôle pourra être exercé par les soins directs du gouvernement français.

Ainsi que l'indication en est donnée dans cet article, tous les moyens employés devront tendre : 1° A éviter tous les frais qui pourront n'être pas d'utilité absolue ; 2° A détruire toute centralisation possible et toujours dispendieuse ; 3° A obtenir une rapidité absolue dans la distribution des secours ; 4° A supprimer une quantité considérable d'écritures, le nom du titulaire ayant simplement un compte ouvert par *doit* et *avoir* devant suffire, ou l'emploi de fiches au besoin ; 5° En un mot, au nom des intérêts généraux, viser à n'avoir qu'un nombre d'employés salariés, réduit au strict nécessaire.

Des communications aux sociétaires.

Art. 5. — Une fois au moins chaque année et à une époque régulière, un compte-rendu officiel de toutes les opérations de la Société, avec la nomenclature des bénéficiaires et de leurs titres aux divers bénéfices, sera envoyé à chaque mairie de France, ainsi que dans chaque ambassade ou consulat.

Il pourra être rédigé et divisé par région seulement, département ou commune, c'est-à-dire local.

Ce compte-rendu devra être tenu constamment et d'une manière ostensible à la disposition de toute personne qui voudra le consulter, et cela jusqu'à ce que le compte-rendu suivant soit venu le remplacer.

A l'aide des renseignements contenus dans cette publication, tout sociétaire pourra exercer un contrôle d'une efficacité complète; l'administration sera ainsi prévenue de tout abus et le fera cesser ; toute communication de ce genre devra être signée et recevra la sanction d'une enquête immédiate.

Dans tous les cas, que l'enquête ait donné tort ou raison à celui qui aura averti, son nom sera tenu dans le plus grand secret. Mais individuellement, il recevra une lettre lui faisant connaître les résultats de l'enquête.

But de la société.

ART. 6. — Cette Société aura pour but de venir immédiatement en aide à tous les Français des deux sexes, dans toutes les circonstances ou la misère sera indépendante de leur volonté ou de tout calcul malhonnête.

« Dans certaines conditions à déterminer d'autre part, les étrangers, habitant la France, pourront obtenir de participer aux mêmes avantages. »

En raison de la difficulté que rencontrerait la distribution de tous les secours à l'étranger, dans les colonies françaises et aux marins pendant le temps de leur séjour à la mer, des réglements spéciaux devront être faits pour établir le détail des avantages dont ils pourront bénéficier en dehors de la retraite qui leur sera acquise comme à tout Français.

Donc, tout Français qui, par maladie, accident ou infirmités incurables, sera dans l'impossibilité de subvenir à sa nourriture ou à celle des siens, sera secouru.

Il recevra gratuitement les soins du médecin, les médicaments ordonnés et, s'il y a lieu, une rétribution journalière suffisante pour que ceux qui vivent de lui ne soient pas dans la misère.

Dans un cas de chômage forcé reconnu tel et indépendant de sa volonté ou d'un calcul coupable, il pourra lui être accordé aussi un secours journalier.

Pour exemple, un homme blessé ou malade serait dans la condition de pouvoir bénéficier d'un secours qui permette aux siens de vivre, et ce secours pourrait être supérieur à celui que recevrait un homme resté en bonne santé, qui ne serait privé de son travail que par un accident matériel d'usine ou de commerce, attendu que, s'il y avait lieu de permettre à ce dernier d'attendre la réparation de l'accident qui a causé la cessation de son travail, il y aurait lieu aussi de l'exciter à rechercher une occupation nouvelle ou d'attente en ne lui donnant qu'une indemnité journalière très modique.

Les soins seront donnés de préférence au domicile des malades ou des blessés, sauf le cas ou l'emploi d'appareils spéciaux exigerait leur transport dans l'une des maisons de secours appropriées à cet effet.

Toute personne restera, bien entendu, libre de ne pas demander les secours de la Société et de se faire soigner selon sa préférence; dans ce cas, il ne lui sera tenu compte d'aucune indemnité.

Tout enfant né d'une Française et dit enfant naturel, tous les enfants abandonnés et aussi les orphelins laissés sans ressources, seront reconnus pupilles de l'Association. Ils seront élevés sous sa protection et à ses frais, ainsi que placés, autant que possible, dans les communes qu'ont habitées ou habitent encore les parents ou la famille; ils y seront sous la surveillance directe de la mairie.

Bien entendu, le droit de la mère d'un enfant naturel sera réservé pour le cas où elle voudra garder et élever son enfant; une indemnité pourra lui être allouée, et, dans le cas où la garde de l'enfant lui étant impossible, elle l'aura confié à l'Association, elle pourra connaître l'endroit où il sera élevé et exercer ainsi une surveillance, lui permettant d'avertir la mairie en cas de besoin.

Une femme laissée sans ressources par la mort de son mari, aura droit à une pension annuelle. Cette pension lui restera acquise dans le cas de remariage; mais elle ne pourra être augmentée en cas de perte d'un autre mari.

Cette pension pourrait être de 300 francs par an, car il serait moral d'être mû pour l'adoption de cette somme annuelle, par la pensée de lui constituer, par ce moyen, une sorte de dot qui rende son remariage plus recherché.

Si, comme il est dit dans le paragraphe précédent, une femme est laissée sans ressources avec des enfants, elle recevra, en plus de sa pension personnelle, une petite somme annuelle par enfant, jusqu'à l'âge de 14 ans, pour chacun d'eux ; avantage qui sera supprimé si elle les confie comme pupilles à la société.

Il pourrait lui être alloué annuellement 100 francs par enfant, et l'âge de 14 ans me paraît pouvoir être fixé en ce que, à cet âge, les enfants doivent être considérés comme pouvant gagner leur vie.

En cas de remariage de la mère, la rente afférente à ses enfants continuerait à lui être payée dans les mêmes conditions ; mais s'il survenait des enfants du nouveau mariage, ces derniers n'auraient aucun droit à une rente du vivant du père. Cependant, si un nouveau veuvage venait à frapper la mère, les enfants du deuxième lit recevraient aussi la rente indiquée.

Et il en serait ainsi pour chaque remariage.

Mais, quel que soit le nombre de ses veuvages, la femme n'aurait toujours pour elle droit qu'à sa première pension sans aucune augmentation.

Les incurables ou les infirmes seront soignés et entretenus dans des maisons spéciales et selon le degré de leur état mental, ils pourront recevoir mensuellement une indemnité, à titre de menus plaisirs.

Dans le cas où la famille de ces malheureux manifestera le désir de les garder et pourra les entourer de soins, il sera donné la préférence à ce moyen; dans ce cas, la famille, sur sa demande, recevra une allocation annuelle, afin de l'aider dans sa charge. Les soins du médecin et les médicaments ordonnés seront également, sur la demande de la famille, à la charge de la société.

A la mort de leurs parents, ces incurables ou infirmes pourront toujours redevenir pensionnaires de la société et entrer dans une des maisons de secours organisées à cet effet.

Comme il est dit plus haut, si l'état mental d'un incurable ou infirme logé et soigné par la société le permettait, il pourrait recevoir mensuellement comme argent de poche 3 francs de 16 à 25 ans et 5 francs de 25 ans à sa mort.

Dans le cas où ce serait sa famille qui le garderait, elle pourrait, sur sa demande, recevoir comme aide pécuniaire annuelle 200 francs jusqu'à l'âge de 16 ans, 260 francs de 16 à 25 ans, et enfin 360 francs de 25 ans à sa mort; médecin et médicaments ordonnés, toujours à la charge sociale.

Les allocations étant un droit, les familles qui

les réclameraient, les recevraient mensuellement, mais au-delà d'une année de non-réclamation la somme resterait acquise à la société, et son montant pourrait servir de base à la constitution d'une caisse dont les revenus serviraient de primes d'encouragement ou de récompenses pour nourrices et actes de dévouement.

De l'âge pour avoir droit à la retraite et de la retraite elle-même.

ART. 7. — Tout Français ou Française qui aura atteint l'âge de *60 ans* aura droit aux avantages suivants :

L'homme à une pension annuelle de 1,200 francs.

La femme à une pension annuelle de 800 francs. Cette rente annulera celle qu'elle aura pu recevoir comme veuve.

Cet âge qui pourrait, pour le début seulement, être fixé à 60 ans, devrait cependant n'être que de 55 ans au plus, pour certaines professions (mineurs, marins, etc.), et descendre, même au plus tôt, à 50 ans pour eux et à 55 ans pour la généralité, ces professions visées ayant souvent comme conséquence de diminuer rapidement les forces physiques, tout en laissant intacte la longévité.

Il serait même juste d'étudier la possibilité que, dès l'âge de 50 ans, l'homme puisse déjà recevoir quelques secours mensuels; à cet âge, s'il exerce un métier manuel, la force lui manque souvent pour suffire par son travail à des charges dépassant de beaucoup ses besoins personnels.

Toutes les pensions seront payées mensuellement, et le premier du mois choisi pour l'échéance générale.

Donc, un sinistré qui, en raison de son incapacité pour tout travail futur, deviendra pensionnaire pendant le cours d'un mois, recevra ses premières rentes au prorata des jours qui resteront à courir jusqu'au premier du mois suivant.

Quant à ceux qui deviendront pensionnaires par l'âge fixé, leur pension commencera le premier du mois qui suivra celui de leur arrivée à cet âge.

Quel que soit l'âge auquel un sociétaire deviendra bénéficiaire par la cause d'un sinistre ou d'un accident, il le sera au même titre que s'il avait atteint l'âge désigné pour être rentier de droit. Mais il devra acquitter sa cotisation annuelle de laquelle quiconque ne peut être libéré que par l'âge; elle lui sera retenue sur le paiement de ses revenus.

Sont compris dans cette série les militaires et marins rendus infirmes par des blessures reçues dans leurs divers services.

Toutefois, lorsque les blessures reçues, ou que les infirmités qui en résulteront ne mettront pas les sinistrés dans l'impossibilité absolue de gagner leur vie, il pourra leur être alloué une indemnité journalière, jusqu'à ce que la Société, qui centralisera un service de demandes d'emplois, ait pu lui procurer les moyens d'existence selon ses aptitudes, et cette indemnité pourra être continuée par une allocation mensuelle, à déterminer chaque fois, pour le cas où le travail possible du sinistré rendrait insuffisants les émoluments qu'il en pourrait recevoir.

Il serait juste, envers ceux visés par ce paragraphe, que dans la fixation de cette allocation, il soit tenu compte qu'il la faut assez forte pour que le bénéficiaire puisse trouver dans le peu de travail qu'il pourra entreprendre, une augmentation sur la rente qui resterait sa seule ressource, si tout travail lui était interdit. Ce serait un moyen de l'exciter à employer ses facultés et à trouver par elles l'avantage de douceurs qui lui seraient refusées s'il était réduit à la rente maximum elle-même.

Il est bien entendu aussi que le droit au travail resterait complet pour le sociétaire rentier par l'âge fixé, et qui, pouvant encore s'occuper, jugerait à propos de se livrer à des travaux selon ses forces afin d'augmenter son bien-être.

En toute circonstance, il sera fait la plus

grande diligence pour que tout malade ou tout blessé puisse être secouru immédiatement, et, à cet effet, une latitude aussi grande que possible sera laissée aux maires des communes, aux ambassadeurs et aux consuls, tous ces fonctionnaires étant les mieux en situation de connaître et de juger des besoins de leurs administrés ou ressortissants.

Dans les grandes villes, à l'étranger ou aux Colonies, ces fonctionnaires pourront se faire aider par des délégués de contrée, de quartier, ou par des nationaux ; ces fonctions seront gratuites, et un règlement sera fait à cet effet.

C'est en envisageant le concours de ces fonctionnaires comme facilitant une action efficace, qu'il pourra être fait un règlement visant une décentralisation que l'Association doit poursuivre à tout prix.

Une somme, dont l'importance serait à décider selon les besoins présumés, pourrait être laissée à leur disposition dans des conditions à déterminer, afin de leur permettre les secours immédiats.

Dans les communes de France surtout, le Maire, aidé de son Conseil ou d'un ou plusieurs délégués de quartier au besoin, pourra être le distributeur des secours, ainsi que le correspondant direct de l'Association qui, cependant, conserve le dernier mot en toute affaire et le contrôle absolu.

Dans le cas où, par faiblesse morale ou par inconduite notoire, un membre bénéficiaire sera reconnu incapable de gouverner l'utilisation de ses revenus, tout en ayant une santé qui lui permet de vivre chez lui, et après son refus d'entrer dans une des maisons de secours appartenant à la Société, le Conseil aura le droit d'assurer la vie de l'intéressé en ne lui versant pas directement son revenu mensuel et en intervenant près de son propriétaire, ainsi que pour des fournitures à lui faire, au besoin, chaque jour, *dans des quantités déterminées :* chez le boulanger, le boucher, le charcutier, l'épicier, le marchand de vins, etc., etc.

Ce point de vue ne semblant viser que celui qui vit seul, il y a lieu d'ajouter qu'en état de mariage, il peut arriver que l'un des conjoints manifeste le désir qu'il ne soit pas versé mensuellement au ménage la totalité de la rente, « importance qu'il ne pourrait soustraire à un mauvais usage de la part de son conjoint », alors des arrangements seraient pris dans une semblable occurrence, afin de sauvegarder les intérêts du ménage et éviter ainsi toute misère possible.

L'exécution de ces arrangements pourrait être poursuivie par les soins des mairies.

Enfin, sauf une petite somme qui lui sera

allouée chaque semaine, pour lui permettre
de satisfaire à quelques-unes de ses habitudes, telles que tabac, etc. ; le reste de son
revenu sera réservé par la caisse sociale,
pour assurer en plus à l'intéressé l'habillement, le chauffage, le paiement des contributions, etc., en un mot, toutes les choses
qu'il est impossible de régler journellement
et dont cependant il sera nécessaire de fixer
la valeur approximative ou de régler le
renouvellement à époques fixes.

Des maisons de retraite et de secours.

ART. 8. — Pour y recevoir et soigner les
incurables, les infirmes, ainsi que des vieillards, la Société fera construire, au fur et à
mesure de ses moyens, partout où elle le
pourra, des maisons dites de retraite.

Les bénéficiaires y auront, en tant que
leur état le permettra, la vie en commun,
sauf la chambre, qui, autant que faire se
pourra, sera séparée.

Il sera fait aussi, dans ce cas, tout effort
pour que les sociétaires puissent jouir des
avantages que leur confère la Société, près
des, ou dans les pays où ils auront vécu et
pris leurs habitudes.

Des hôpitaux seront aménagés dans tous les centres où ils seront reconnus nécessaires pour assurer le traitement des malades.

Pour tout ce à quoi il est fait allusion ici, il y aurait lieu, lors de l'étude des conséquences de cet article 8, d'escompter un accord avec l'administration, accord d'autant plus facile à faire que les hôpitaux ou maisons de secours existant actuellement, deviendraient un jour sans objet s'ils ne passaient au service de l'organisation nouvelle ; aussi, la plupart pourraient-ils, dès le début, être mis à la disposition de la Société.

De la cotisation.

ART. 9. — Tous les Français des deux sexes, qu'ils habitent la France, ses colonies ou l'étranger, font partie de l'Association comme membres participants, dès leur naissance jusqu'à leur mort.

A partir de l'âge de quatorze ans, et jusqu'à ce qu'il ait atteint l'âge fixé pour devenir bénéficiaire des avantages complets offerts par la Société, tout Français devra acquitter une cotisation annuelle. Cette cotisation sera recouvrée par le receveur ordinaire des contributions directes, et dans la forme actuellement employée pour

9.

les prestations. Les mairies aussi pourront
être chargées d'une partie de ce soin dans
des formes à déterminer.

Cette cotisation pourrait être par année de
12 francs pour les jeunes gens de quatorze à vingt
et un ans, et de 30 francs de ce dernier âge jusqu'à
celui qui aurait été fixé pour devenir rentier de
l'Association.

Dans le but d'éviter pour soi-même ou pour les
siens la préoccupation du paiement mensuel de la
cotisation, ainsi que pour se garantir contre les
événements qui, dans le cours de l'existence, pourraient en troubler le paiement régulier, chacun aura
le droit d'acquitter à la fois une ou plusieurs
années, ainsi que par un seul paiement, le montant de la totalisation de ce qui lui resterait à payer
pour le cours de son existence ; puis, le tout, si c'était
pour un enfant atteignant ses quatorze ans, et afin
de favoriser et faire se multiplier ces divers modes
de paiement, il pourrait être accordé quelques
avantages à ceux qui auraient agi ainsi.

Dans les pourparlers auxquels donnerait lieu la
volonté de constituer définitivement cette mutualité,
il y aurait à demander au gouvernement le bénéfice de certains impôts dont l'affectation pourrait
être d'autant mieux déplacée que, comme on le
verra par la suite de cet exposé, l'État se trouverait déchargé d'une quantité de choses et de détails
qui lui incombent actuellement.

Cela serait d'autant plus utile qu'il faut se pénétrer tout d'abord que le fonctionnement d'une mutualité telle qu'elle est présentée par ce projet,
demanderait un budget annuel d'environ *quatre
milliards*, somme que je crois suffisante d'après
l'étude que les documents à ma disposition m'ont
permis de faire.

La difficulté de trouver annuellement un aussi fort capital effrayera certainement à la première audition ; néanmoins cette difficulté peut être envisagée sans effroi. Cette somme pourrait être obtenue au moyen d'impôts nouveaux, de certains impôts existants, ainsi que de la quote-part annuelle qui incomberait à l'Etat, toutes choses dont il sera parlé dans la troisième partie de ce travail, et qui, réunies, enlèveraient toute crainte d'être obligé de demander aux contribuables des sacrifices hors de proportion.

Et enfin, s'il devenait nécessaire de s'imposer quelques sacrifices, ce ne serait que pour le début, attendu que, comme on le verra par la suite de cet exposé, la constitution d'une caisse de réserve, dont ou pourra supputer par avance la rapide croissance, viendrait, par ses revenus et dans un très court délai, parfaire des besoins qui permettraient de se passer de ces sacrifices demandés comme actes de dévouement, et, comme second effet de la même cause, les contribuables ne tarderaient pas à voir disparaître aussi la nécessité des impôts dont les bénéfices auraient été affectés à la Société, et qui, devenus inutiles, pourraient être l'objet d'un dégrèvement réel sans qu'il soit besoin de chercher à les remplacer.

Quoique la pratique de la cotisation annuelle pour tous soit la partie de cet exposé paraissant devoir offrir le plus de difficultés à bien faire manœuvrer, en raison de la nonchalance ou du peu d'ordre que beaucoup apportent dans les choses ordinaires de la vie, y compris même la possibilité d'actes de mauvais vouloir de la part de quelques-uns de ceux qui doivent le plus profiter de l'organisation mutuelle visée, j'ai, malgré ces éventualités, laissé subsister ce moyen dans mon projet, parce que j'en crois l'application possible, et aussi par rapport à

la somme considérable qu'il procurerait chaque
année ; puis à cause de l'influence morale qu'on
peut obtenir du paiement d'une cotisation par des
individus s'habituant ainsi, sans s'en douter, à penser à l'épargne et à ses effets : pensée qui, chez beaucoup, peut avoir pour résultat d'arrêter leur esprit
sur cette vertu et les engager à la pratiquer en dehors
de ce qui leur serait imposé, et cela d'autant plus
que chacun aurait la certitude que, quelle que
soit la modicité de l'épargne, elle ne serait plus
exposée à disparaître à la première difficulté de la
vie.

L'acquit de chaque paiement sera donné
au moyen d'un timbre spécial apposé sur
le livret individuel remis à chacun, à l'âge
de quatorze ans.

Pour les apprentis, les ouvriers, les employés quelconques, etc., cette contribution sera retenue et payée directement par
l'employeur, là où se trouvera l'occupé,
chaque fois qu'il lui sera remis le montant
de son dû.

Quant aux propriétaires, rentiers, commerçants, manufacturiers, etc., leurs cotisations personnelles et celles des leurs
pourront être, sur leur demande, jointes à
leurs contributions et payées avec ces der-
nières ; mais l'acquit sera toujours porté
au moyen de timbres sur le livret individuel.

Tout retard de paiement, ayant pour cause un acte de négligence, sera au bout d'une année puni d'une plus value sur la cotisation due « par exemple 3 francs pour la première année et 5 francs pour les suivantes. » Bien entendu, dans le cas seulement où la mauvaise volonté sera évidente.

Tout sociétaire qui, par accident, suite de maladie ou sinistre, deviendra bénéficiaire des avantages complets offerts par la Société, avant la limite d'âge fixée, devra néanmoins le montant de sa cotisation annuelle jusqu'à ce qu'il ait atteint l'âge désigné. Le montant lui en sera retenu mensuellement lors de l'émargement de sa pension.

Des prêts. — Des secours temporaires. — Causes de déchéance.

Art. 10. — Dans certaines circonstances des prêts pourront être consentis à des sociétaires qui prendront l'engagement d'un remboursement mensuel et dans un temps déterminé.

Des secours temporaires pourront être

distribués à des sociétaires dans les conditions du paragraphe précédent.

Il peut arriver que, faute d'une légère avance pour l'achat de matières premières ou d'outils, un sociétaire se trouve dans l'impossibilité d'entreprendre un travail bénéficieux pour lui et qui, parfois, peut être le commencement d'une situation indépendante ; toutefois, les prêts seraient toujours de minime importance.

Certains accidents de la vie seraient souvent aussi modifiés d'une façon heureuse, si un secours facilement obtenu était donné en temps — et je ne citerai ici comme exemple que le fait divers suivant pris dans le journal *Le Temps*, du 17 décembre 1893.

« Mme Longhi, blanchisseuse, rue de Paradis « n°40, à Paris, âgée de vingt-six ans, veuve depuis « peu de temps, mère de deux jeunes enfants et « ayant sa mère à sa charge, s'est suicidée dans « le jardin des Tuileries, parce que du linge lui « ayant été volé, elle avait été traduite devant le « juge de paix, qui l'avait condamnée au rembour- « sement envers ses clients. »

Le jugement était assurément équitable ; mais, s'il s'était trouvé une association mutuelle à laquelle elle ait pu s'adresser, et qu'en racontant son fait à un magistrat ou à un simple délégué, elle ait pu en recevoir le prêt qui lui eût permis de s'acquitter, cette pauvre malheureuse, au lieu de ne voir que la misère plus grande et l'impossibilité de supporter ce qui lui était arrivé, aurait repris courage et vivrait encore.

Quant à la Société, elle n'aurait, en venant à son secours, fait que justifier sa raison d'être, et comme il en résulterait de reste, dans un grand nombre de cas, qu'elle serait appelée à connaître et à secourir.

Celui qui, par cause de maladie, d'accident ou de chômage forcé, se sera trouvé dans l'impossibilité de solder en temps sa cotisation, devra s'acquitter, aussitôt qu'il le pourra, par paiements mensuels.

S'il dépassait une année après son travail repris, et qu'il fut jugé fautif dans le non-paiement d'acomptes au moins, sa redevance serait augmentée d'un dixième, et d'un dixième supplémentaire pour chaque année suivante : ceci, pour les remboursements qui seraient faits avant que l'intéressé ne devienne bénéficiaire de la Société.

S'il n'a pas remboursé avant l'âge où il devient de droit bénéficiaire, ou s'il le devient par une cause quelconque avant d'avoir remboursé, toujours dans le cas de mauvaise volonté ou nonchalance dûment constatée, il lui sera retenu sur les premiers paiements de sa pension, et par douzième au moins chaque mois, le double de ce qu'il restera devoir, c'est-à-dire, autant de fois 60 francs qu'il y a d'années en retard.

Tout sociétaire qui aura subi une ou plusieurs condamnations ayant entraîné la prison devra payer sa cotisation d'une importance double, pendant le temps que durera son internement, si la peine ne dépasse pas une année. Lorsque la peine sera de plus d'une année, sans cependant dépasser cinq ans, la cotisation à payer par le détenu sera triple de celle ordinaire.

Pour les détenus visés par le paragraphe précédent et pour ceux qui auront subi une ou plusieurs condamnations dont la gravité ou l'ensemble entraînera une détention de plus de cinq années, il sera pris avec l'administration des arrangements à décider. Quant à ceux dont la culpabilité aura entraîné la détention à vie, ils seront laissés à l'administration, qui seule doit décider de leur sort; cependant, les cotisations qu'ils auront payées resteront acquises à la Société; pour celles qu'ils auront pu rester devoir jusqu'à l'époque de leur incarcération, elles seront soldées par l'administration au moyen de prélèvements faits sur le résultat du travail qui sera imposé au détenu.

« J'estime que, s'il a été équitable d'ériger en principe que tout être qui provoque un préjudice quelconque à autrui en doit la réparation, il ne peut en être fait une meilleure application qu'ici même, attendu que, celui qui par vol, mauvaise conduite ou blessures faites volontairement à son semblable, a mérité la peine de l'emprisonnement, a fait un tort non-seulement individuel, mais aussi à l'ensemble social auquel il impose des frais, et en même temps à l'union mutuelle qu'il expose, par son fait, à l'obligation de secourir les infortunes qui en résulteront.

Il est donc de toute justice qu'un travail quelconque soit imposé aux prisonniers, et il serait facile à l'administration de prélever sur le gain journalier du détenu la part qui devrait revenir à l'Association mutuelle.

Il y aurait, en outre, à régler le cas où, par sa bonne conduite et les marques d'un vrai repentir, un détenu à vie obtient la remise d'une partie de sa peine. Il pourrait être pris avec l'administration des mesures qui permettraient que la cotisation due soit soldée, dans des proportions à déterminer, sur la masse du prisonnier avant sa mise en liberté, qui entraînerait avec elle, la réintégration du gracié comme ressortissant à nouveau de la société.

Des sociétaires faisant partie des armées de terre et de mer.

ART. 11. — Les hommes faisant partie des armées de terre ou de mer seront exonérés personnellement de leur cotisation pendant le temps de leur présence sous les drapeaux.

Leur cotisation sera payée par l'Etat, dans des conditions à déterminer, en raison des risques à courir et des nombreux cas de mises en retraite par le fait des blessures produisant l'incapacité partielle ou totale de tout travail, tous devant bénéficier des avantages garantis par la Société, qui, comme il l'a été dit, tient lieu et place de l'Etat.

L'incorporation des hommes en temps de paix ayant lieu dans les derniers mois de l'année, l'Etat devra la cotisation à partir du premier janvier suivant, et pour toute l'année dans laquelle le soldat sera libéré; ce qui aura pour effet de permettre à l'homme sortant du service de se procurer du travail et de pourvoir à ses premiers besoins, tels que : achats d'outils, objets d'habillement, etc., choses nécessitées souvent par le changement de condition.

Il sera pris aussi avec l'Etat des arrangements visant les cas d'appels dits : d'instruction momentanée, et aussi pour le fait de la mobilisation nécessitée par l'état de guerre.

Les appels d'instruction ou de mobilisation d'essai, n'augmentant pas considérablement les risques, il pourrait n'être demandé à l'Etat que le paiement d'un mois de la taxe militaire, temps du reste pendant lequel l'appelé ne pourrait travailler réellement.

Moyennant aussi une subvention réglée

sur la base des retenues que l'Etat fait à ses
employés et une autre basée sur l'importance de la pension qu'il fait à ses militaires gradés ou non, la Société, étant en
cela comme en tout ce qui est de même
nature, substituée à l'Etat, le montant de
ces diverses pensions spéciales, viendra
indépendamment s'ajouter aux avantages
conférés par la Société. Toutes les administrations quelconques pourront, par le même
moyen, obtenir un service semblable pour
leurs employés.

Il serait nécessaire, avant de discuter sur tous
les cas visés dans ce paragraphe et afin d'en admettre l'économie, d'assimiler dans son esprit les
militaires et les employés à des commerçants qui
tireraient de leur métier des bénéfices au-delà de
leurs besoins journaliers, afin de s'assurer les avantages d'un capital leur promettant pour l'a-
venir un bien-être plus grand ou des facilités dans
l'établissement de leurs enfants.

Pendant l'état de guerre, les frais des
ambulances et de leurs services continue-
ront à être supportés par l'administration
de la guerre, cette organisation ayant absolument besoin de faire partie du corps d'armée, dont elle doit assurer les secours et
qu'elle doit suivre dans tous ses mouvements.

Pour ce qui sera du transport des blessés et des soins à donner aux malades et aux blessés évacués dans les ambulances, hôpitaux ou établissements appartenant à la Société, il sera pris des arrangements avec l'Etat, l'Association ne pouvant intervenir pendant l'état de guerre que dans la mesure des moyens dont elle disposera.

Du décès d'un sociétaire.

ART. 12. — A la mort d'un sociétaire ou d'un bénéficiaire, il sera fourni le nécessaire à un convoi décent et uniforme pour tous ; de plus, un service religieux sera fait dans des règles se rapprochant de l'uniformité pour tous les cultes, le tout aux frais de la Société et par les soins des mairies qui seront, en outre, chargées de régler toutes ces choses d'après les conventions arrêtées.

Il sera toujours scrupuleusement tenu compte de la volonté écrite du décédé, en ce qui concernera son désir ou son refus, de la cérémonie religieuse. A défaut d'écrit, il sera tenu compte de sa religion ou des préférences de la famille.

Si la famille du décédé veut apporter des modifications au luxe du convoi ou dans les décors des temples respectifs, tout changement donnera lieu à une dépense dont l'importance sera rigoureusement supportée par la famille ou les héritiers. Le réglement en sera payé d'avance.

Mais aucune cérémonie religieuse proprement dite ne pourra être modifiée.

Si, en raison de sa situation de fortune ou d'une pensée généreuse, la famille ne réclame pas à la Société sa part contributive, le bénéfice qui résultera de ce chef sera versé au compte dit : *dons et legs*, et augmentera d'autant le fonds de réserve.

Des étrangers habitant la France.

ART. 13. — Tout étranger habitant la France devra, à partir de 14 ans, acquitter une cotisation double de celle d'un Français de son âge, sans cependant pouvoir prétendre, pendant son séjour en France, à autre chose qu'au bénéfice des soins et secours médicaux ; de même que tout Français, il sera astreint au livret individuel.

Cependant, s'il satisfait aux conditions qui vont suivre, il deviendra bénéficiaire au titre français, et ne devra plus que la cotisation demandée aux nationaux.

1° Si, après avoir habité la France pendant quinze années et soldé régulièrement sa cotisation, il se fait naturaliser Français, et verse une somme de *deux mille* francs, s'il a moins de quarante ans ; ou de *quatre mille* francs s'il a de quarante à cinquante ans ; et *six cents* francs en plus de cette dernière somme par année qui dépassera cinquante ans jusqu'à cinquante-cinq ans, cependant, comme limite extrême de taxation bien entendu.

La femme devant moins recevoir que l'homme, la somme annuelle qu'elle devra ajouter à celle fixe de *quatre mille* francs sera réduite de moitié entre cinquante et cinquante-cinq ans, soit *trois cents* francs.

2° Si, ayant contracté avant sa majorité un engagement de cinq années dans l'armée française, il a réclamé à sa majorité la naturalisation.

3° Si, à sa majorité, il opte pour la nationalité française, fait son service militaire et verse une somme de *trois cents* francs.

Toutefois, les conditions contenues dans les paragraphes 2 et 3 n'exonèrent pas le titulaire du paiement de la cotisation qui lui incombe comme Français, après avoir satisfait au service militaire.

4° Si, à cinquante-cinq ans, c'est-à-dire à l'âge extrême qui, sans doute, sera fixé pour la retraite, il verse en une seule fois à la caisse une somme de *dix mille* francs pour un homme, *six mille* francs pour une femme, et quel que soit l'âge, après cinquante-cinq ans, cette somme ne sera pas réduite ; dans ce cas, il ne sera pas nécessaire qu'il y ait eu au préalable versement de cotisation, ni que les sujets aient habité la France.

5° Une femme née Française et mariée à un étranger doit, à partir du jour de son mariage, la cotisation étrangère elle est alors considérée comme telle, n'ayant plus droit qu'aux secours médicaux et pharmaceutiques; cependant, si, arrivée à l'âge extrême, elle verse une somme de *deux mille* francs, elle devient rentière de l'association :

6° La femme d'un Français, née étrangère, suit, à partir de son mariage la condition de son mari ; mais à la retraite, il lui est retenu par dixième, sur les deux premières années de sa rente, une somme de *quatre cents* francs, si le mariage a eu lieu avant trente ans ; et *cinq cents* francs au-delà de cet âge, sauf le cas où elle aura versé en une seule fois, aussitôt son mariage, la somme de deux cent cinquante francs.

De l'actif social.

ART. 14. — L'actif social sera composé .
1° D'un fonds de roulement;
2° D'un fonds de réserve.
Le fonds de roulement se composera :
1° De toutes les cotisations quelconques;
2° Du produit de quêtes à domicile, de fêtes , de loteries ou de ventes d'objets donnés au profit de l'œuvre ; (1)
3° De la partie de la subvention de l'État ayant pour objet la garantie des risques qu'il fait courir;
4° Des revenus obtenus par le droit dit *des pauvres* (2); de toutes les diverses taxations ayant forme d'impôt et par des impôts mêmes, dont le produit sera affecté au service de l'œuvre ; aussi, de la moitié des droits sur les successions ;
5° Des dons manuels et des legs faits sans indications spéciales.

(1) Ces diverses ressources ne sont portées ici que comme premiers moyens, l'organisation régulière des revenus devant suffire pour l'avenir.
(2) Cette organisation devant décharger immédiatement l'assistance publique, qu'elle remplacerait a brève échéance, il serait juste que ce bénéfice lui revint.

Le fonds de réserve se composera :

1° Des dons et legs faits avec indications réservées ;.

2° Des sommes non réclamées et devenues par le temps propriété publique ;

3° De la deuxième moitié des droits sur les successions ;

4° De toutes les sommes provenant du fonds de roulement et restées sans emploi à la fin de chaque année.

En arrêtant un instant sa pensée sur ce fonds en quelque sorte de garantie, on sera frappé de l'importance certaine de cette réserve, dont les revenus, à un moment donné, pourront être susceptibles d'assurer en majeure partie le fonctionnement annuel de cette œuvre, ou tout au moins, permettraient la diminution des charges imposées au commencement.

Étant entendu que la constitution de cette organisation doit remplacer complètement l'État pour ses services des retraites, toutes les caisses, de l'inscription maritime, caisses pour les militaires ou employés de l'État, seront arrêtées dans leur état actuel, et les retraites auxquelles elles doivent faire face seront assurées par le versement que l'État fera à l'Association au fur et à mesure de leur échéance, et l'amortissement de la

redevance annuelle de l'État aura lieu pro-
portionnellement aux extinctions.

Les sociétés de secours mutuels ou de
retraites, existant sous une forme quelconque, seront autorisées, sur leur demande, à joindre leur capital à celui de réserve de la Société, qui, alors, servira aux
ayants-droit les avantages que ces diverses
associations leur assuraient, sans préjudice
des bienfaits qu'elle assure par elle-même.

Dépôts ou retraits des fonds sociaux.

Art. 15. — Les titres appartenant à l'association seront déposés à la Banque de
France, sans aucuns frais, sous les signatures du président effectif et du trésorier.

Le retrait partiel ou total pourra être
effectué de la même manière, mais ces
signatures devront être visées par le ministre
des Finances.

Les fonds disponibles, dits de roulement,
seront également, sans frais, déposés à la
Banque de France, sous la signature du
trésorier, signature visée par le président
effectif, ou à son défaut par le vice-prési-

dent, remplissant momentanément les fonctions de président.

Cette même formalité sera suffisante pour les retraits partiels ou totaux de ces sommes.

La Banque de France sera chargée du service général de la trésorerie dans des conditions à déterminer, et qui, au moyen de ses succursales ou relations, lui permettront de recevoir les diverses rentrées consulaires, départementales ou communales, ainsi que de fournir partout aux ambassadeurs, consuls, maires et percepteurs, les sommes nécessaires aux paiements des secours et des rentes.

Les revenus annuels, c'est-à-dire, les sommes non destinées à former le fonds de réserve, ne pourront être dépassées en secours servis chaque année.

Mais, à la suite d'une catastrophe qui entraînerait à des dépenses dépassant le budget social, il y serait pourvu par un apport de l'Etat, les chambres consultées et ayant délibéré à cet effet.

De l'aide que devront les fonctionnaires de l'Etat.

ART. 16. — Tous les fonctionnaires de l'Etat, dont la mission est de s'occuper de la rentrée des fonds nationaux, seront tenus de donner leur concours gratuit pour le service des finances sociales.

A l'étranger et aux colonies, les ambassadeurs, les consuls et tous les agents directs de l'Etat seront, s'il y a lieu, chargés de la rentrée des fonds, de la distribution des secours et du paiement des rentes,

En France, les rentrées de toutes les taxations ayant forme d'impôt ou de contribution seront poursuivies par les percepteurs ou préposés des contributions.

Les cotisations et toutes les taxations dont le montant pourrait être acquitté au moyen de timbres mobiles devront être étudiées avec soin en raison de la facilité considérable qu'offrirait ce mode de paiement.

La réserve dite d'en cas pourrait rester de préférence, dans chaque commune, chez le percepteur où elle serait à la disposition de la mairie.

Un règlement spécial serait fait aussi, pour le compte des réserves d'en cas, à l'étranger ou aux colonies.

Les timbres mobiles acceptés comme devant servir à certains paiements seront vendus par les mairies, les percepteurs et les principaux bureaux de poste; tous, pourront aussi les oblitérer à la fin de l'année, en constatant l'acquit annuel au moyen d'un timbre spécial.

Les sommes provenant de la vente des timbres seront remises au moins une fois par semaine au percepteur. Quant à ce dernier, sauf une certaine somme qu'il devra conserver à la disposition de la mairie, comme réserve d'en cas pour les secours immédiats, il devra remettre, chaque semaine, ses fonds disponibles à la Banque de France ou à ses succursales.

La réserve, gardée par le percepteur à la disposition de chaque mairie, sera destinée à pourvoir à des secours immédiats ; sa régularisation aura lieu, chaque mois, au moment du paiement des rentes aux bénéficiaires. Une certaine somme aussi restera entre les mains des ambassadeurs et consuls pour servir aux mêmes causes.

Afin d'éviter aux bénéficiaires des déplacements inutiles, longs ou dispendieux, le paiement des rentes sera fait, selon les localités, par le percepteur ou par la mairie ;

chaque bon à payer sera revêtu d'un visa facile à obtenir pour l'intéressé.

Le certificat de vie, avec les formalités exigées aujourd'hui, devrait être supprimé, et des fiches ou feuilles dites *bons à payer* pourraient être possédées par les mairies où les intéressés les retireraient à la fin de chaque mois ; le visa serait celui de la mairie où est domicilié le titulaire, laquelle, en raison de la connaissance qu'elle posséderait de la mortalité et de toute mutation dans sa commune, ne pourrait laisser passer inaperçu le décès d'un titulaire, ou tout fait qui l'intéresserait.

Le maire de chaque commune, comme administrateur paternel des habitants, sera le correspondant direct du conseil supérieur de l'association ; aidé de son conseil municipal, dont il devra avoir l'avis favorable, il connaitra des besoins de ses administrés et enverra immédiatement au siége principal tous les rapports auxquels ces besoins auront donné lieu.

Dans les centres importants, le maire et son conseil se feront aider, selon qu'il sera nécessaire, pour les enquêtes et renseignements, par des délégués de quartier, pris, bien entendu, parmi les habitants du quartier même.

Une certaine latitude sera laissée à chaque maire, de façon à ce que, de sa propre initiative, il puisse, dans des cas pressés, distribuer de suite quelques secours dans le but d'éviter la misère momentanée pour les sinistrés.

Ces secours seront uniques ou de courte durée, et pour une prolongation jusqu'à ce que le conseil central ait pu régulariser la situation du sociétaire, le maire devra avoir l'avis favorable du conseil municipal.

Si un secours donné par le maire a dû être d'une importance dépassant la somme fixée, comme de premier secours, et si, à la suite d'un avis favorable de la mairie, le conseil central admet le sinistré dans la classe des rentiers, le supplément donné pourra être retenu au bénéficiaire en cinq ou dix années, selon l'importance à recouvrer.

Et dans le cas où le sinistré n'aura pas lieu d'être admis parmi les rentiers, le supplément sera porté à son compte comme une dette contractée par lui, et qu'il remboursera, soit par petits acomptes, sa situation s'étant améliorée ou, lorsqu'il sera devenu rentier. (1)

(1) Ce cas, de reste, rentrerait dans l'application similaire traitée déjà, à l'article 11 des statuts.

Du fonds de réserve.

Art. 17. — Tous les fonds sociaux, dits : *Fonds de Réserve*, seront placés en valeurs de premier ordre ; et jamais de spéculation.

Rentes sur l'Etat Français ou sur Etats étrangers, avec garanties palpables, ne laissant place à aucun aléa, obligations de chemins de fer, garantis par l'Etat ou les départements, prêts hypothécaires, prêts à des Villes ou à des communes, immeubles de rapport, forêts, terres de rapport et fermages, navires de commerce, etc., enfin, toutes actions ou obligations industrielles ou commerciales dont les garanties et revenus seront reconnus indiscutables.

FIN DES STATUTS

CHAPITRE II

RECHERCHE DES RESSOURCES.

En suivant, dans le chapitre précédent, l'énoncé des avantages que la mise à exécution du projet qui s'y trouve développé concèderait à chacun, le lecteur n'a pas été sans éprouver une inquiétude au sujet de l'importance du capital qu'il faudrait trouver chaque année, pour le fonctionnement régulier et perpétuel d'une telle conception.

Aussi, vais-je, dans ce qui va suivre, et par des chiffres basés sur des documents officiels, essayer de rassurer le lecteur, sur le fonctionnement pécuniaire d'un projet, *dont les conséquences — quelles qu'elles soient —* s'imposent sans retard aujourd'hui en France; le but de ce chapitre, sera donc d'indiquer quelques-unes des matières imposables, qui, tout en prouvant la possibilité d'obtenir les ressources nécessaires, pourront aider dans les recherches à faire pour l'étude préalable de ce point capital.

Tout d'abord, je ferai remarquer que, si comme je l'ai dit, la somme annuelle de *quatre milliards environ*, doit être estimée suffisante au bon fonctionnement de cette œuvre ; dans cette somme à trouver, il y aurait à tenir compte de la redevance annuelle de l'Etat [1] qui, pourrait avec ses ressources actuelles, en solder d'autant plus aisément l'importance, que comme on a du le remarquer, il se trouverait déchargé d'une quantité de services dont la suppression permettraient celle d'un personnel très dispendieux ; et aussi —sans que cependant j'entende sortir de mon sujet, autrement qu'en formulant un vœu — si comprenant enfin, ses errements administratifs, l'Etat entrait résolûment dans la voie d'en entreprendre la modification.

Il y aurait en plus, à tenir compte des revenus certains du capital de réserve, dont il a été parlé, et qu'il ne faut pas perdre de vue.

J'ai donc l'espoir que je parviendrai, au moyen des évaluations qui vont suivre, à

[1] Compte de liquidation des caisses des retenues civiles et militaires, etc.

éclairer cette question d'un jour d'autant plus vif, que je me suis appliqué à ne présenter des chiffres, qu'au-dessous du rendement qui pourrait en être obtenu.

De 'a cotisation.

10.000.000 de jeunes Français de 14 à 21 ans à 12 francs par an..........	120.000.000
17.000.000 de Français de 21 à 55 ans à 30 francs par an.................	510.000.000
200.000 étrangers de 14 à 21 ans à 24 francs par an....................	4.800.000
600.000 étrangers de 21 à 55 ans à 60 francs par an.................	36.000.000
TOTAL.....	670.800.000

La différence de plus de dix millions, avec le chiffre de la population de la France, vise, sauf exacte vérification, le nombre de Français, tant au-dessous de 14 ans, que les six cent mille militaires ou marins, ainsi que : trois millions de personnes pouvant être considérées comme bénéficiaires ou secourues.

En résumant ce que la cotisation imposerait à chacun, on reconnaîtrait : qu'un Français, depuis 14 jusqu'à 55 ans, fournirait à l'association 1.104 francs, au total; et qu'un Etranger pour le même temps, paierait 2.208 francs sans pour cela, qu'il y ait eu pour lui, bénéfice des mêmes avantages.

Des Marins et Soldats.

Les marins et les soldats, en raison des risques qu'ils feraient courir, devraient une plus-value de cotisation pendant leur service à la mer et leur séjour sous les drapeaux.

Cette plus-value, payée par l'Etat, pourrait se traduire par une taxe de 10 francs par mois ; elle remplacerait toute autre cotisation personnelle.

```
500.000 hommes  à  10 fr.  par  mois,
    donneraient pour l'année...........    60.000.000
                       TOTAL.....    60.000.000
```

La différence de 100.000 hommes sur le chiffre pouvant être celui réel, est faite ici pour couvrir les aléas d'évaluation, s'il y a lieu.

La cotisation mensuelle serait augmentée pour les gradés, de l'importance à décider, comme versement annuel de garantie, pour la pension que l'Etat doit leur assurer en raison de leur grade, pension restant en dehors du revenu que l'association leur garantirait à l'âge voulu, ou à leur invalidité par cause d'infirmités, comme elle le ferait pour tout sociétaire; mais cette somme, qui en réalité est une prime d'assurance, devant par cette cause faire partie du fonds de réserve, il n'y a pas lieu de la faire figurer ici.

De la participation dans les successions.

1° Les successions de parents à leurs enfants, ou d'enfants à leur père et mère, pourraient être frappées d'un droit de 6 pour cent.

2° Celles à des neveux, de 12 pour cent.

3° Celles à des cousins germains, de 15 pour cent.

4° Celles au premier degré, après celui de cousins germains, de 20 pour cent et seraient augmentées de 10 pour cent par degré, pour les 3 suivants, avec réduction de 5 pour cent par degré pour ces trois derniers, si la succession était le résultat d'un testament.

5° Toute succession à partir du cinquième

degré compris, au-dessous des cousins germains, n'existerait plus, et l'importance reviendrait à l'association.

Cependant, toute succession qui serait faite par testament à n'importe quel degré au-delà de ceux taxés ici, ou à un français quelconque, non parent du testateur, pourrait avoir lieu, mais elle supporterait un droit de cinquante pour cent.

Quant à tout don ou legs, fait par testament à un étranger quelconque, il deviendrait nul et irait de droit à l'association.

De ces différents chefs, il pourrait être obtenu une somme minimum d'au moins 100.000.000

Des étrangers admis aux bénéfices.

En raison de l'exécution par les étrangers habitant la France, des conditions édictées par l'article n° 13 des statuts, il peut être évalué :

pour le 1er cas	5,000 personnes à 2,000 francs	10.000.000
	12,000 personnes à 4,000 francs	48.000.000
	10,000 personnes donnant dans leur ensemble une moyenne de 7,000 francs............	70.000.000

2me cas	5,000 personnes ne donnant rien................................	.. ..
3me cas	10,000 personnes à 300 francs..	3.000.000
4me cas	5,000 personnes à 10,000 francs	50.000.000
	5,000 — 6,000 francs	30.000.000
5me cas	1,000 personnes à 2,000 francs	2.000.000
6me cas	1,000 personnes, évaluées comme donnant en moyenne 400 francs	400.000
	TOTAL.....	213.400.000

Tout en faisant remarquer que, quoiqu'il ne soit supposé ici qu'un nombre de 54.000 étrangers demandant à bénéficier des avantages réservés aux Français, il y a lieu cependant de n'accepter ce chiffre qu'avec une certaine réserve, attendu que, s'il peut être dépassé dès le début, ce ne sera sans doute que comme une explosion de l'enthousiasme que produira inévitablement une organisation de ce genre, et qui engagera beaucoup d'étrangers à vouloir profiter à aussi bon compte, d'avantages qu'ils ne trouveraient nulle part.

Ce revenu pourrait donc diminuer lorsque, après les premières années, l'élan se serait ralenti, et cela surtout, si d'autres nations suivaient, bientôt, l'exemple donné par la France.

Aussi, afin de prévenir tout aléa futur, il pourrait, dès le début, être affecté au fonds de réserve, la moitié environ de ce que donnerait cette combinaison, de manière à assurer pour l'avenir un revenu pouvant compenser toute diminution.

En conséquence, il ne nous reste plus qu'à faire valoir ici, une recette annuelle supposée au total de : . . . 106.700.000 fr.

Du transport des marchandises.

Les marchandises transportées par voie d'eau ou de terre, pourraient être frappées d'un droit fixe de 0 fr. 10 centimes jusqu'à 100 kilogrammes et de 0 fr. 10 centimes en plus par 100 kilogrammes ou fraction.

Les bagages des voyageurs pourraient, à leur enregistrement, être taxés de la même manière.

En évaluant pour la France seulement, un transport annuel de trente milliards de

kilogrammes, on obtiendrait par cette taxe un
revenu environ de : . . . 30.000.000 fr.

Total . . . . . 30.000.000 fr.

Nota. — En l'absence de renseignements assez
précis, j'ai dû négliger ici, d'évaluer le rendement
de l'enregistrement des bagages, qui viendrait modifier ce total, par une augmentation sérieuse.

Les marchandises transportées comme
combustible nécessaire à la traction pendant la route seraient affranchies de ce
droit.

Des voyageurs.

Les voyageurs par bateaux ou par les
chemins de fer, pourraient acquitter par
billet le droit suivant :

1° Voyageurs de 1ʳᵉ classe, 0 fr. 20 centimes par billet, jusqu'à 10 francs et par
fraction de 10 francs en plus.

2° Voyageurs de 2ᵐᵉ classe, 0 fr. 10 centimes par billet, de 10 francs et par fraction
de 10 francs en plus.

3° Voyageurs de 3ᵉ classe, 0 fr. 05 centimes
par billet, jusqu'à 10 francs et par fraction
de 10 fr. en plus.

Les billets délivrés gratuitement, quelle

qu'en soit la cause, sauf celle du rapatrie-
ment, seraient taxés d'un droit fixe de
3 francs par cent kilomètres de parcours ou
fraction pour la 1ʳᵉ classe ; de 2 francs pour
la 2ᵉ classe, et de 1 franc pour la 3ᵉ classe.

Evaluation de rendement.

1° Vingt millions de billets de 1ʳᵉ classe, évalués à une moyenne de 0 fr. 75 centimes.	15.000.000
2° Quatre-vingt millions de billets de 2ᵉ classe, évalués à une moyenne de 0 fr. 40 centimes	32.000.000
3° Cent-vingt-six millions de billets de 3ᵉ classe, évalués à une moyenne de 0 fr. 20 centimes.	25.000.000
4° Des différentes taxations sur les billets gratuits et sur des véhicules de transports non détaillés ici, environ .	7.800.000
TOTAL.	80.000.000

Les omnibus, les bateaux faisant dans
l'intérieur de la France, service d'omnibus,
tramways et voitures quelconques employés
aux transports des voyageurs, seraient taxés
d'un droit fixe à déterminer.

Le nombre officiel des voyageurs (226 millions)
transportés annuellement par les chemins de fer

étant le seul porté ci-dessus, la différence causée par l'omission volontaire du nombre des voyageurs transportés par bateaux, est, pour rester dans l'esprit de ce travail et compenser toute erreur d'évaluation.

Des navires.

Tout navire français, sauf ceux de guerre, pourrait être taxé d'un droit fixe annuel de un franc par tonnage réel.

Tout navire étranger, venant charger ou décharger des marchandises dans un port Français, pourrait payer un droit fixé pour chaque opération, à 0 fr. 20 centimes par 100 kilogrammes de marchandises ou fraction de 100 kilogrammes.

Le mouvement des ports français étant de 22 milliards de kilogrammes, il y a lieu de pouvoir faire l'évaluation suivante :

1º Le tonnage des navires français dépassant 3 millions de tonnes, à 1 franc la tonne (ou 1.000 kilogram.) 3.000.000

2º Le tonnage de la batellerie intérieure, pouvant être évalué à 1 million de tonnes, à 1 fr. les 1.000 kilogrammes ou tonneau 1.000.000

3º En supposant sur les 22 milliards de kilogrammes du mouvement des ports, douze milliards par navires étrangers, à 2 fr. les 1.000 kilogrammes 24.000.000

TOTAL. 28.000.000

Il pourrait être étudié un autre mode de taxation dont l'économie consisterait en un droit fixe par navire, en laissant un certain écart sur le tonnage réel, en raison du lest, toujours peu rémunérateur, et en faisant payer une prime d'autant plus élevée que le navire serait d'un plus fort tonnage.

En outre, les barques de pêche pour la mer et celles pour les rivières, ainsi que toutes les barques quelconques, dites de plaisance, pourraient payer également un droit fixe ; mais, dans ce cas, des catégories devraient être établies.

Du territoire.

Le territoire, pourrait à son tour être imposé dans la forme suivante :

1° 26,000,000 environ d'hectares de terre qui, en raison du territoire de la France, peuvent être considérées comme cultivables, à 2 fr. l'hectare........   52.000.000 fr.

2° 2 millions d'hectares en parcs, jardins, et contenant des propriétés de plaisance ou des usines, lesdits terrains étant d'une contenance de plus de mille mètres par propriété, pourraient payer un droit fixe de 5 francs par 1,000 mètres ; soit donc, pour 2 millions d'hectares pouvant donner dans leur division, environ 4 millions de propriétés, à une moyenne de 25 fr. l'une...................... 100.000.000 fr.

3° Un million d'hectares contenant jardins, usines ou fabriques quelconques, magasins de réserve, entrepôts, maisons de rapport ou de plaisance, et ayant une superficie de 500 à 1,000 mètres de terrain par propriété, pourraient payer 8 fr. par unité, en évaluant une moyenne de 750 mètres par propriété, cela donnerait 13 millions de parts imposables, à 8 fr. l'une...................... 104.000.000 fr.

4° Un million d'hectares occupés comme au paragraphe 3, mais d'une contenance de 500 mètres au maximum, pourraient payer 4 francs par propriété ; dans sa division, ce million d'hectares peut produire environ 20 millions de parts imposables, à 4 fr. l'une, soit............. 80.000.000 fr.

5° 997,768 hectares de forêts, appartenant à l'Etat, à raison de 20 fr. l'hectare............. 19.955.360 fr.

6° 1,959,747 hectares de forêts, appartenant aux communes ou à des communautés, à raison de 20 fr. l'hectare pour les communes, et à 30 fr. pour les communautés ; toute fraction au-dessous d'un hectare, comprise comme unité, et, partageant par moitié, soit :

979,874 hectares aux communes, à 20 fr...................	19.597.480 fr.
979,873 hectares aux communautés, à 30 fr................	29.396.190 fr.
7° 650 mille hectares de forêts appartenant à des particuliers, à raison de 30 fr. l'hectare.....	19.500.000 fr.
8° 100 mille hectares en pièces d'eau, étangs, etc., appartenant à des particuliers ou à des communautés, à 30 fr. l'hectare.....	3.000.000 fr.
9° 100 mille hectares des mêmes, à l'État ou aux communes, à raison de 20 fr. l'hectare.......	2.000.000 fr.
Total.............	429.449.030 fr.

La différence de 20 millions d'hectares environ, qui existe entre le total de l'évaluation ci-dessus et la superficie réelle du territoire français, représente approximativement les terrains incultes, les routes, les cours d'eau, etc.

« Le général Perrier, chargé du travail de régularisation, accusait pour la France, et y compris les îles qui l'entourent, une superficie de : 53,640,800 hectares. »

Des immeubles bâtis.

Les maisons d'habitation, et quelle que soit la superficie d'une même bâtisse, pourraient être taxées de la manière suivante :

1° 3,996,571 maisons à un rez-de-chaussée, à 6 fr. l'une	23,979,426 fr.
2° 2,458,563 maisons à un étage, à 12 fr. l'une	29,502,756 fr.
3° 851,547 maisons à deux étages, à 30 fr. l'une	25,546,410 fr.
4° 216,429 maisons à trois étages, à 60 fr. l'une	12,985,740 fr.
5° 86,354 maisons à quatre étages, et au dessus, à 120 fr. l'une .	10,362,480 fr.
Total . .	102,376,812 fr.

Les combles ou greniers non habitables pourraient n'être pas considérés comme étages.

Des boutiques, ateliers, usines, etc.

Les boutiques, ateliers, usines, maisons de banque, Compagnies de transports, magasins quelconques, contenant des marchandises et obligeant la présence d'employés,

pourraient être taxés comme suit : et par
année.

« Les nombres évalués ici, approximativement. »

1° 500 mille, occupant jusqu'à 2 personnes, 10 fr. chaque maison	5,000,000 fr.
2° 500 mille, occupant de trois à 10 personnes, 50 fr. chaque maison	25,000,000 fr.
3' 100 mille, occupant de 11 à 20 personnes, 100 fr. chaque maison	10,000,000 fr.
4° 5 mille, occupant de 21 à 50 personnes, 500 fr. chaque maison.	2,500,000 fr.
5° 5 mille, occupant de 51 à 100 personnes,1000 fr.chaque maison.	5,000,000 fr.
6° 2 mille, occupant au dessus de 100 personnes, d'abord un droit fixe de 1000 fr. et un autre de 1000 fr. en plus, par 100 personnes ou fraction, en évaluant une moyenne de 8000 fr. par maison.	16,000,000 fr.
Total . .	63,500,000 fr.

Le chef de chaque maison et sa femme
ne seraient pas compris comme employés,
quel que soit le travail auquel ils s'as-
treindraient ; mais quant aux enfants, dès
qu'ils travailleraient chez leurs parents,
comme apprentis ou ouvriers, ils compte-
raient comme personnes employées.

Seraient considérés comme employés et comptés dans ce nombre pour chaque maison : Les domestiques attachés au service personnel, les garçons de bureau ou de magasin, quel que soit leur éloignement de la maison principale à laquelle ils appartiendraient.

***

Des sociétés financièaes en général.

Toutes ces sociétés, qu'elles soient fondées par association, commandite ou autre forme quelconque, et dont le capital est représenté par des actions ou parts, pourraient être tenues de fournir chaque année, sur leur bénéfice net, avant la distribution de tout dividende, 20 0ı0 de ce bénéfice.

De ce chef, le revenu des *actions*, ayant été de 606 millions en 1887. « D'après M. Rouvier, ministre, » il pourrait être obtenu, à raison de 20 0ı0, un minimum annuel de recettes de . , 121,200,000 fr.

Total . . 121,200,000 fr.

***

Des quêtes, loteries etc.

Les quêtes à domicile, les fêtes, les loteries, les ventes d'objets donnés au profit de l'œuvre, les dons manuels, les legs sans indications réservées, etc., pourraient produire une somme de . . . 5,000,000 fr.

De l'assistance publique.

L'assistance publique, voyant ses charges diminuer considérablement pour disparaître en peu de temps, pourrait, dès le début de la formation, faire l'abandon de quelques unes de ses ressources, notamment du revenu de l'impôt dit *Droit des Pauvres*, etc.

De l'ensemble de ce dont elle pourrait se dessaisir, il serait possible d'obtenir une source annuelle d'au moins 20,000,000 fr.

Total . . 20,000,000 fr.

Résumé.

Si, en récapitulant les quelques sommes qui précèdent et dont on reconnaîtra l'élasticité d'extension, on tenait compte des omissions volontaires, on arriverait à obtenir une somme annuelle de : Deux milliards environ.

Et enfin, si à cette évaluation sommaire, on ajoutait :

1° Le revenu annuel que l'État devrait comme compte de liquidation de sa caisse des retenues pour les retraites ;

2° Le revenu de la caisse de réserve de l'association même.

On reconnaîtrait qu'il serait possible de parfaire à la somme annuelle estimée nécessaire, sans qu'il y ait crainte d'être obligé de demander à la nation des sacrifices au delà de ses moyens.

Mais, en tout ceci, quels que puissent être les sacrifices qu'il faudrait consentir au début, aucune hésitation ne peut être permise ; une seule chose, doit nous préoccuper exclusivement :

« *Reconnaissons-nous, que la situation sociale telle qu'elle se présente de nos jours, étant bien l'œuvre d'un oubli moral inconscient, ne peut rester en cet état, sans être la prolongation d'une iniquité ?...* »

« *Reconnaissons-nous, que si elle persiste dans ses errements, la société marche sans qu'elle se réserve le droit à aucune sympathie, vers un inconnu, gros de dangers dont elle assumerait par avance toute la responsabilité ?...* »

« *Reconnaissons-nous enfin, qu'au-dessus*

de toutes nos erreurs et de toutes nos préfé-
rences, l'esprit de bonté et celui de droiture
devant être les signes principaux qui nous
différencient du reste des animaux terrestres
nos actes doivent toujours porter l'empreinte
de cette supériorité, et que, pour l'estime de
nous-mêmes, nous devons poursuivre avec
ténacité le prompt redressement de tout ce
qui s'écarte de ces vertus ?... »

Si oui !... RIEN NE DOIT, NI NE PEUT NOUS ARRÊTER.

Et, soyons assurés que les sacrifices imposés seront supportés avec courage, comme doivent l'être les nécessités momentanées d'un acte de justice et d'apaisement moral, ainsi qu'en raison de la sécurité, qu'aura chacun, d'être aidé à surmonter les obstacles de la lutte journalière, avec l'assurance absolue de la tranquillité pour ses vieux jours.

FIN DE LA DEUXIÈME PARTIE.

8

TROISIÈME PARTIE

TRAITANT DE LA FORMATION D'UN SYNDICAT
COMME MOYEN PRATIQUE POUR FAIRE RÉUSSIR
PROMPTEMENT ET SANS RÉVOLUTION
LA SOLUTION
DE LA QUESTION SOCIALE

CHAPITRE PREMIER.

STATUTS

But. — Formation.

ART. 1ᵉʳ. — Il est fondé, à Paris, sous le nom de : *Syndicat général du Socialisme français*, une association ayant pour but l'étude complète d'un projet pouvant être présenté à l'examen des pouvoirs compétents, afin d'instituer en France une mutualité devant avoir pour effet l'extinction de la misère involontaire ; de procurer à tous les individus des deux sexes les secours qui les garantiront dans les divers accidents de la vie et de leur assurer, pour leurs vieux jours, la vie libre et exempte de tous soucis pécuniaires.

Des Adhérents.

ART. 2. — Toute personne des deux sexes, de nationalité française et ayant atteint sa majorité, peut faire partie du Syndicat comme adhérente, et en exercer toutes les fonctions, si elle déclare vouloir en faire partie et acquitter une cotisation annuelle de cinq francs.

L'adhésion est définitive, lorsqu'elle a été acceptée par le Conseil du syndicat qui statue sur la demande à sa plus prochaine réunion.

Les adhésions partent du 1ᵉʳ janvier et du 1ᵉʳ juillet de chaque année ; aussi, dans sa demande, l'adhérent doit-il lui-même fixer la date à laquelle il désire faire partir son adhésion, dont l'importance semestrielle, au moins, doit être liquidée immédiatement.

Cessent de faire partie du syndicat, ceux qui en seraient radiés par le Conseil (mais après sanction par l'assemblée générale ordinaire) pour fautes à l'honneur, ou démission régulièrement donnée par lettre au président, au moins un mois à l'avance de l'une des périodes semestrielles fixées ci-dessus ; tous les cas de cessation d'adhérent, emportent avec eux l'abandon par le sociétaire ou ses ayant-droit, de toutes les sommes versées, à quelque titre que ce soit, par l'adhérent.

Le nombre des membres et la durée du syndicat sont illimités.

Le syndicat délègue ses pouvoirs à un corps représentatif nommé : *Conseil du Syndicat*, et dont le siège social est provisoirement fixé au domicile du Président.

Formation du Conseil.

Art. 3. — Le Conseil du syndicat sera composé de vingt et un membres, pris parmi les adhérents réunis en assemblée générale à cet effet ; il sera élu à la majorité de la moitié plus un des membres présents.

Il le sera pour six ans et se renouvellera par tiers, tous les deux ans, par voie de roulement.

Les membres sortants seront rééligibles.

Le Conseil élit lui-même son bureau dans la séance qui suit l'assemblée générale où a eu lieu son élection, ou de la partie soumise à la réélection.

Son bureau sera composé : d'un président, de deux vice-présidents, de deux secrétaires et d'un trésorier ; ils devront obtenir les suffrages de la moitié plus un, des membres du Conseil présents.

Les réunions du Conseil devront avoir lieu au moins deux fois par mois sur la convocation du président, et la séance ne sera valable que par la présence de la moitié plus un, au moins, des membres du Conseil.

Toutes les discussions sur la politique pure ou sur les religions seront exclues du Conseil qui tiendra la main, pour qu'il ne soit en rien dérogé à ces conditions dans les assemblées générales, conférences ou réunions tenues sous sa direction personnelle.

Les questions touchant à l'économie politique et sociale pourront y être, seules, traitées dans toute l'étendue permise par les lois.

Attributions du Conseil.

Art. 4. — Le Conseil a la direction complète des fonds sociaux; il a tout pouvoir pour représenter le syndicat près des pouvoirs supérieurs, devant toutes les juridictions, administrations ou associations diverses ; enfin, il a le pouvoir de prendre toutes les dispositions qui lui paraîtront utiles, là où les intérêts quelconques du syndicat seront engagés.

Sa mission comporte comme devoir absolu, de chercher, par tous les moyens en son pouvoir, conférences, réunions publiques, envois de brochures, publications, journaux, etc. ; de faire toute la propagande possible afin de produire l'apaisement des haines si nuisibles à l'œuvre générale ; de faire connaître la juste manière dont doit être comprise la question du socialisme réel ; d'amener les esprits à des revendications uniformes, ainsi qu'au bon vouloir d'accepter tous les sacrifices nécessaires, pour arriver à la constitution définitive d'une mutualité générale et fraternelle, qui, seule, permettra l'extinction de la misère en France.

Enfin, s'entourant de tous les renseignements officiels, le Conseil poursuivra activement la discussion de chaque article statutaire de la mutualité visée, et de ses effets dans la pratique ; se mettant aussi en rapport avec le gouvernement, il étudiera, en toute connaissance de cause, un projet de ressources suffisantes au bon fonctionnement de cette œuvre.

En un mot, il emploiera tous les moyens pour se mettre rapidement en mesure de fournir aux pouvoirs légiférants un projet constitué de toutes pièces, leur procurant les éléments d'une discussion approfondie et permettant la prompte réalisation de ce qui est nécessaire à la plus grande partie de la nation : *La constitution définitive de l'association Mutuelle et Fraternelle de France.*

Des syndicats correspondants, et de l'action de tous les syndicats dans les élections.

Art. 5. — Des syndicats locaux seront invités à se former dans toutes les principales villes de France.

Placés sous le patronage du syndicat général, résidant à Paris, ils devront en adopter l'esprit; entretenir avec lui des rapports constants, lui donner leur avis sur toutes les questions à discuter et qui leur auront été soumises en temps utile par le Conseil du syndicat général, de façon à ce que ce dernier puisse, dans ses discussions, être aidé par les renseignements reçus et statuer en communauté d'idées avec l'état d'esprit général.

Ils le tiendront aussi au courant des progrès obtenus dans leurs circonscriptions, et, comme lui, feront dans leur ressort la propagande la plus active pour amener l'unité d'action.

Chaque fois que, dans une circonscription quelconque, il y aura lieu à pourvoir à un siège de député ou de sénateur, sans se changer en comités électoraux, le syndicat général et tous ceux locaux, provoqueront ou aideront la formation des comités de façon à pouvoir faire partager leurs idées et à entraîner les électeurs, à exiger de tout candidat une loyauté connue, et un écrit par lequel il s'engagera, aussitôt sa nomination, à poursuivre légalement, *mais sans atermoiement*, la constitution définitive de l'œuvre fraternelle projetée.

Des assemblées générales.

ART. 6. — Les adhérents seront réunis, une fois par an, en assemblée générale ordinaire ; il leur y sera donné connaissance de la situation financière du syndicat et de l'état des résultats obtenus. Des assemblées générales, dites extraordinaires, pourront avoir lieu chaque fois que le Conseil le croira utile à l'œuvre poursuivie, et à toutes époques de l'année, sur la convocation du Conseil.

Les assemblées générales seront présidées par le bureau même du Conseil, et aucune proposition non portée à l'ordre du jour ne pourra y être mise en discussion, si elle n'a été adressée par écrit au syndicat, et admise par le Conseil, au moins cinq jours avant chaque réunion générale.

Toutefois, après en avoir délibéré avant l'ouverture de la séance de l'assemblée générale, le bureau pourrait autoriser la discussion des demandes qui lui seraient soumises au dernier moment.

Dispositions générales.

ART. 7. — Toute communication ne pourra être considérée comme émanant du syndicat général, que si elle est signée du Président du Conseil ou d'un membre du bureau autorisé par lui.

Les écritures seront tenues sous la surveillance du Conseil, et un registre matricule de tous les adhérents, contiendra la date de leur admission et celle de leur élection aux différents offices.

S'il est possible, la liste des adhérents sera portée chaque année à la connaissance de tous.

14

CHAPITRE II

CONCLUSION

Ne pouvant, en terminant cet exposé, oublier combien la lecture d'un travail comme celui que je viens de présenter n'a pu être faite sans un réel effort d'attention, je remercie les personnes assez amies de l'humanité pour avoir bien voulu me suivre jusqu'ici.

Et en raison des nombreux sujets de critique que ce livre pourra provoquer, je répèterai à nouveau que, n'ayant pas eu l'intention de soumettre une chose devant être acceptée dans toutes ses indications, je n'ai voulu et ne me suis appliqué qu'à présenter un canevas sur lequel toutes les résolutions puissent être groupées en un ensemble qui soit bien la réunion de toutes les nuances et besoins composant la question sociale, afin d'arriver à une harmonie qui soit ce que j'ai appelé : *la discipline, dans les revendications socialistes.*

C'est dire combien je serai heureux d'avoir provoqué des critiques qui seront les bien venues, chaque fois qu'il plaira à quiconque m'aura lu, de bien vouloir me les communiquer.

Et, enfin, faisant un dernier appel à ceux que j'aurai pu convaincre, je les prie de s'unir à moi afin de faire comprendre autour de nous que, pour qu'une société puisse jouir de la paix nécessaire à sa prospérité et à son existence, il faut que l'oubli des autres y soit considéré comme une faute, et la solidarité entre tous, comme : *de règle absolue* !...

Pour cela, que faut-il ?....

Simplement nous pénétrer du : *Aimons-nous les uns les autres* !...

Formule sacrée de la *Fraternité* !...

S. FIERFORT.

TABLE DES MATIÈRES

TABLE DES MATIÈRES

———

PREMIÈRE PARTIE

CHAPITRE I.

CHAPITRE II

Chapitre III

DEUXIÈME PARTIE

Chapitre I

CHAPITRE II

TROISIÈME PARTIE

Du Syndicat général.

Chapitre I

Chapitre II

FIN DE LA TABLE DES MATIÈRES.

Asnières. — Imprimerie E. NÉRY, 7, rue du Bois.

www.ingramcontent.com/pod-product-compliance
Lightning Source LLC
Chambersburg PA
CBHW072035080426
42733CB00010B/1903